# McKinsey

UNLOCKING FULL POTENTIAL OF
JAPANESE CORPORATES

# マッキンゼー
# 未来をつくる経営

## 日本企業の底力を引き出す

編著　岩谷直幸
ミケーレ・ラヴィショーニ

日本経済新聞出版

# はじめに

エベレスト登山に例えた挿話で、この本の趣旨を最初に示したい。

**「征服するのは山ではなく、自分自身である」**

（エドモンド・ヒラリー）

世界最高峰のエベレスト山は、海抜約8848メートルを誇る雄大な山である。多くの登山家が何年もかけて心と体を鍛え抜いて挑むも、登頂に成功するのはほんの一握りだ。1953年にエドモンド・ヒラリーとシェルパのテンジン・ノルゲイが初めて登頂に成功して以来、その後に続いたのはわずか5000人ほどである。

エベレストでは頂上に近づくにつれ、登頂成功の難度が上がる。最終キャンプから山頂までのトレイルは「デスゾーン」と呼ばれ、薄い空気と過酷な天候が意識混濁や幻覚を伴う身体への深刻なダメージを引き起こす。しかし、その困難を乗り越えた精鋭たちには、魔法のような瞬間が待っている。登山家たちはこの瞬間に、文字どおり世界の頂点に立つのだ。

「成功するかしないかは、重要ではありません」と、エベレスト登頂の経験を持つ登山家は語る。「山頂は、山のごく小さな一部にすぎません。自然の美しさや遭遇する奇跡のほとんどは、頂上までの過程で体験できるものだからです」

世界には多くの美しい山々、見たこともない景色が存在する。

本書を手にとった皆さんにはぜひ新たな高みを、エベレストを目指していただきたい。それはなぜか。CEOや経営チームメンバーが企業や社会に与える影響はとても大きい。リーダーシップとして高みを目指す過程からは非常に有益な学びが得られ、それは企業と社会にポジティブな効果をもたらす。

富士山のように3000メートルを超える山を登る目標も十分に挑戦的であるし、そのなかで得られる学びや達成感は素晴らしい。

しかしながらグローバルな市場を見据え、そこでの大きな競争力と存在感の向上を真剣に目指すことは、さらなる高みへ、未来へ続く道を切り拓くことにつながる。

リーダーの皆さんはより高い目標を持つことによって、今まで見たことのない素晴らしい景色を目にすることになるだろう。

その進化や変革の過程そのものから別次元の学びを獲得し、企業と社会に多大なる影響を及ぼすものとなる。

この未来をつくる経営こそが、今の日本に求められている。日本経済や、企業の経営においても、現状に満足せず、一見達成不可能と思えるような挑戦的な目標を掲げ、目標達成を目指すプロセスで得られるものこそ、リーダーや組織の飛躍的な成長につながり、次世代に、より多様性に富み、持続可能な社会を渡していくことが可能になるのではないか。

そこで本書だが、日本発の企業がグローバルでの競争力を高めて存在感を高めるために直面する共通の課題を明らかにしたうえで、マッキンゼーのこれまでの活動を通じて得た学びや、解決に向けたアプローチをまとめたものである。そのなかで、日本での活動を通じて蓄積された知見にとどまらず、われわれが全世界で行っている最新の調査や分析の結果なども紹介している。また、グローバルの視点と日本の視点を統合して、本書を執筆するために、我々もグローカル（Global＋Local）チームであたった。

第1章では、日本発のグローバル企業が世界規模で成長することの意味を提示し、加えて、包摂性に富み、かつ持続可能な社会における企業の役割について考察した。

第2章では、同章以降の内容への理解を深めるために、まず日本発グローバル企業の特徴を日本の風土・文化的な観点から整理し、特に日本企業として独自性を活かす方法と、あわせてグローバル企業として省察すべき点をまとめた。続いて、現在の日本企業の経営における重点テーマに絞って、マッキンゼーの知見を紹介している。

第3章で企業価値の向上に向けた要件を整理し、第4章では最新のデータドリブン経営のアプローチを紹介する。そして第5章では、企業を構成する組織と人材についての考え方、経営者が取り組むべき組織や人材改革の手法も提案した。

そして最後の章で、グローバル企業の優れたCEOから得られた学びを紹介し、今後の日本発グローバル企業としての成功に向けた要諦を提示している。

もしあなたが現在のCEOや経営チームメンバーとして、もしくは将来のCEOや経営チームメンバーとして、世界の最高峰に挑戦するなら、情熱や志にあふれたその旅路を心から応援したいと思う。

日本発グローバル企業の持つポテンシャル、そしてその企業がステークホルダーや日本に、そして世界にもたらす価値や成果はとても高い。日本企業にはまだまだ多くの優れたアイデア、商品やサービス、勤勉で優秀な人材、日の目を見ていない技術など、たくさんの資産が活かされきれずに眠っていると信じている。大変、もったいない。

いまこそ、日本企業は自らの高い可能性を信じ、同時に強い危機感を持ちながら、挑戦的な目標を掲げて、次の進化を目指した旅路に漕ぎ出すときである。読者の皆さん一人ひとりの強い想いと挑戦が、日本およびグローバルで多彩な仲間の輪を広げ、いままで見たこともない絶景を見ること、そしてその過程でより良い未来を築いていくための学びを得ることを可能にすると、マッキンゼーは強く信じている。

# 目次

# 第1章

# 包摂的かつ持続可能な経済社会の実現に向けて

海外での成長を望む日本発のグローバル企業が、世界的レベルでその存在感を発揮し、経済的な成長を社会全体にもたらすために必要なものとは何か。

この必要条件を明らかにするために、まず日本企業とグローバル企業の「差」を明確にすることから、話を進める。

# 1　成長を通じてグローバル企業としての「存在感」を示す

## (1) 企業成長の鍵となる既存事業の変革

過去30年間の日本の主要企業の業績を見ると、多くが海外市場での売上高構成比を伸ばしている。東証プライムに上場している企業は2022年7月時点で1831社だが、海外売上高の比率が50％以上を占める企業の割合は年々増え続けてきており、2020年度には約20％に迫る勢いとなっている（**図表1－1**）。

また、国内より海外でより大きな利益を得ている企業もあり、本田技研工業（ホンダ）、ファーストリテイリング（海外ユニクロ事業）など一部の企業は、海外事業での利

## 図表1-1　日本企業の海外市場での売上高構成比の推移

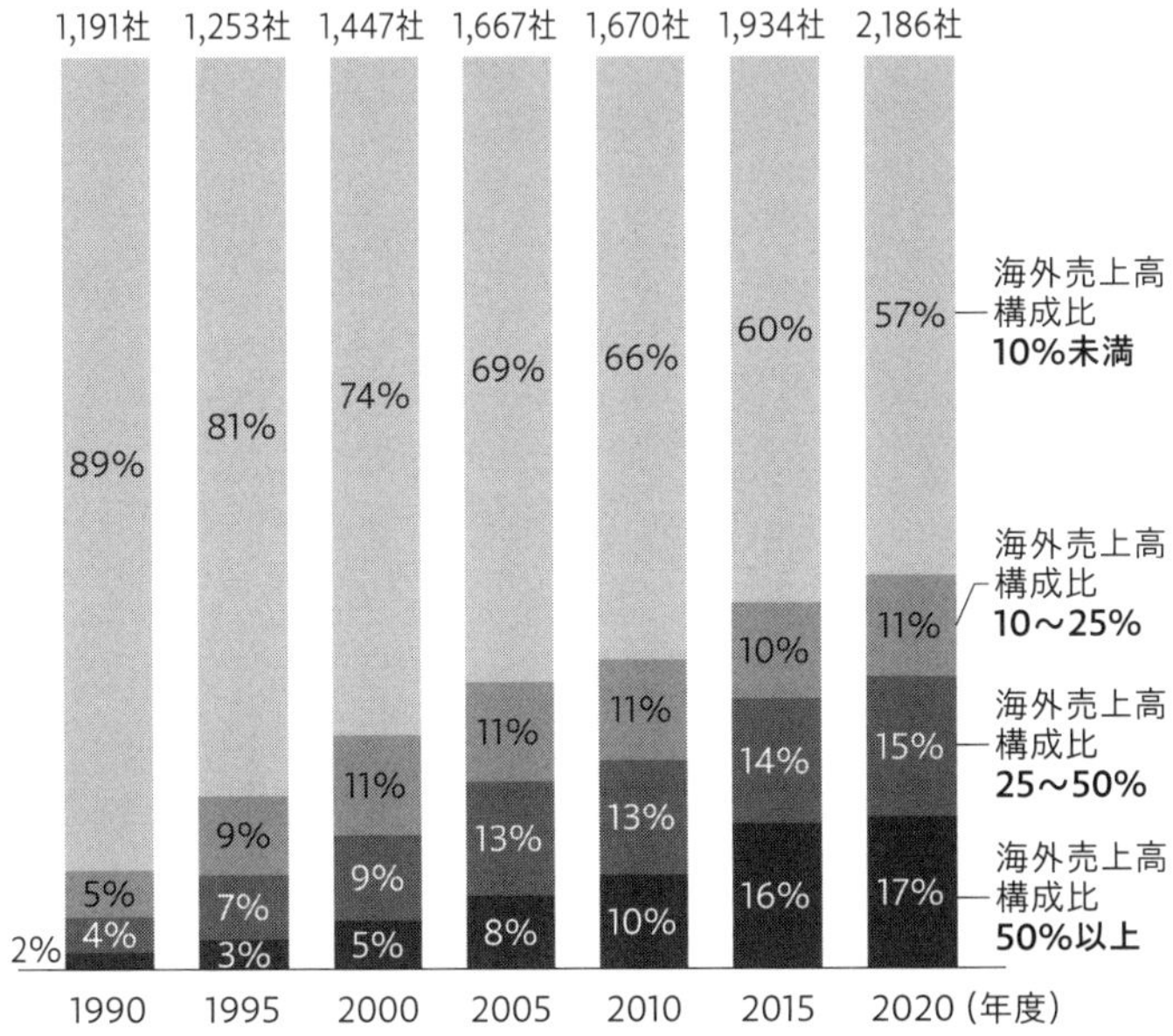


注）東証一部上場企業の海外売上高構成比と会社数（1990-2020年度）、2022年7月時点
出所）SPEEDA

## 図表1-2　売上高世界トップ50社にランキングされた日本企業数の推移

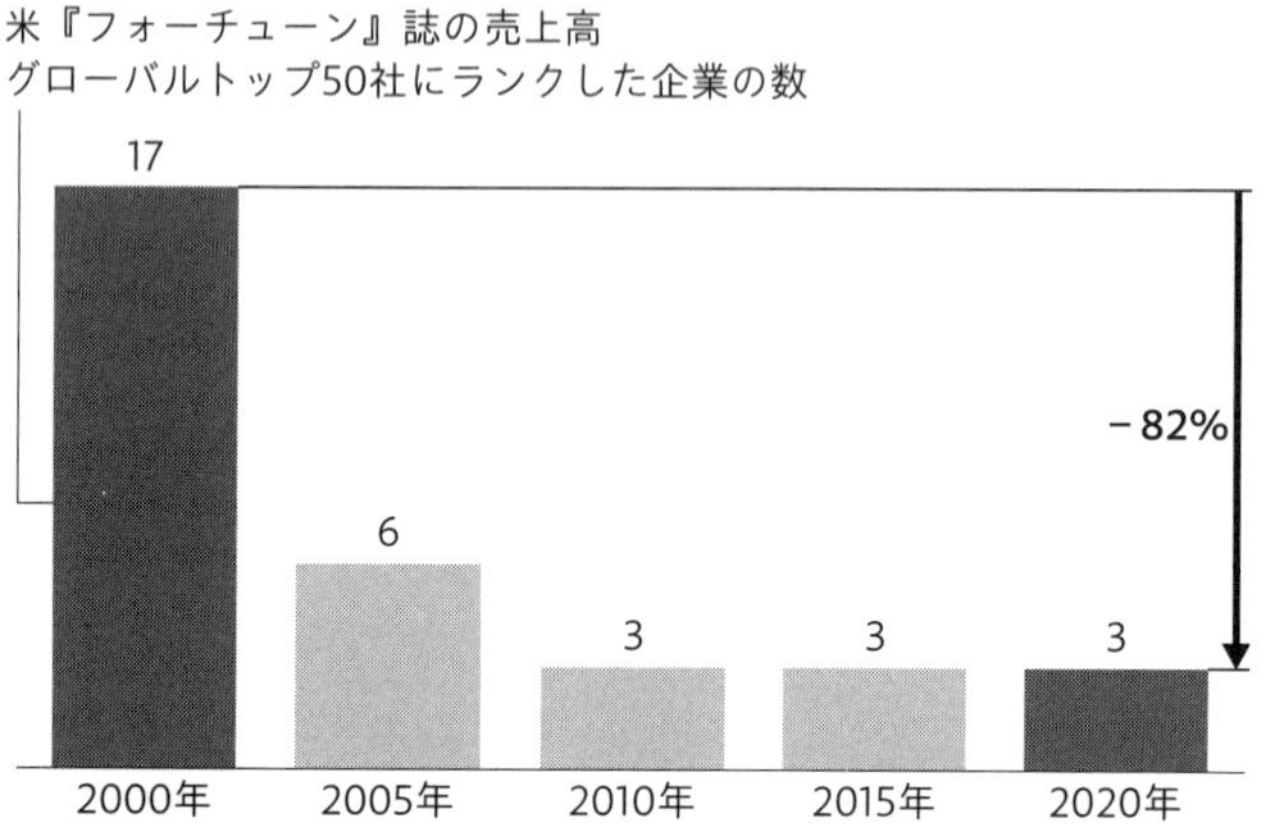


| | | | | | |
|---|---|---|---|---|---|
| **順位、会社名** | 6　三井物産 | 7　トヨタ自動車 | 5　トヨタ自動車 | 9　トヨタ自動車 | 10　トヨタ自動車 |
| | 7　三菱商事 | 18　NTT | 6　日本郵政 | 38　日本郵政 | 39　本田技研工業 |
| | 8　トヨタ自動車 | 23　日立製作所 | 31　NTT | 44　本田技研工業 | 42　三菱商事 |
| | 12　住友商事 | 27　本田技研工業 | | | |
| | 13　NTT | 29　日産自動車 | | | |
| | 14　丸紅 | 47　ソニー | | | |
| | 20　日本生命保険 | | | | |
| | 23　日立製作所 | | | | |
| | 24　松下電工 | | | | |
| | 25　日商岩井 | | | | |
| | 30　ソニー | | | | |
| | 33　第一生命保険 | | | | |
| | 34　本田技研工業 | | | | |
| | 36　日産自動車 | | | | |
| | 38　東芝 | | | | |
| | 45　富士通 | | | | |
| | 48　東京電力 | | | | |

注）米『フォーチューン』誌が発表したグローバルトップ50社における日本企業数の推移（2000-20年）
出所）フォーチューン社

益率のほうが高い。

このように、海外市場での売上高構成比を順調に伸ばしているように見えて、売上規模の面では世界での存在感を失っている現実がある。かつては世界で売上高トップ50社のランキングにずらりと名を連ねていた日本企業も、この20年間で約五分の一にまで数を減らしている（**図表1―2**）。

こうした競争力の差は、日本と海外企業の平均売上高成長率に歴然と表れている。マッキンゼーが２０２２年に世界の主要３０００社を対象に行った企業・事業の成長率調査によると、日本企業の過去15年の平均売上高成長率は１・２％で、全世界平均と比べて０・８％低く、成長をもたらす事業の種類にも違いが見られる（**図表1―3**）。また、新規事業と既存事業の別で詳しく見てみると、新規事業におけるグローバルの成長率は日本企業も世界平均と遜色のない水準にはあるものの、既存事業での成長率は伸び悩んでいることが見て取れる。

この成長率の違いは、日本企業に長寿企業が多いことにも関連していると考えられる。世界の創業１００年以上の企業総計約7万社のうち、その半数を日本企業が占めており、創業２００年以上の企業においては、なんと65％が日本企業である（注：創業１００年以上の企業の国別構成比において50％、創業２００年以上の企業の国別構成比において

図表1-3　平均売上高成長率が世界企業よりも低い既存事業

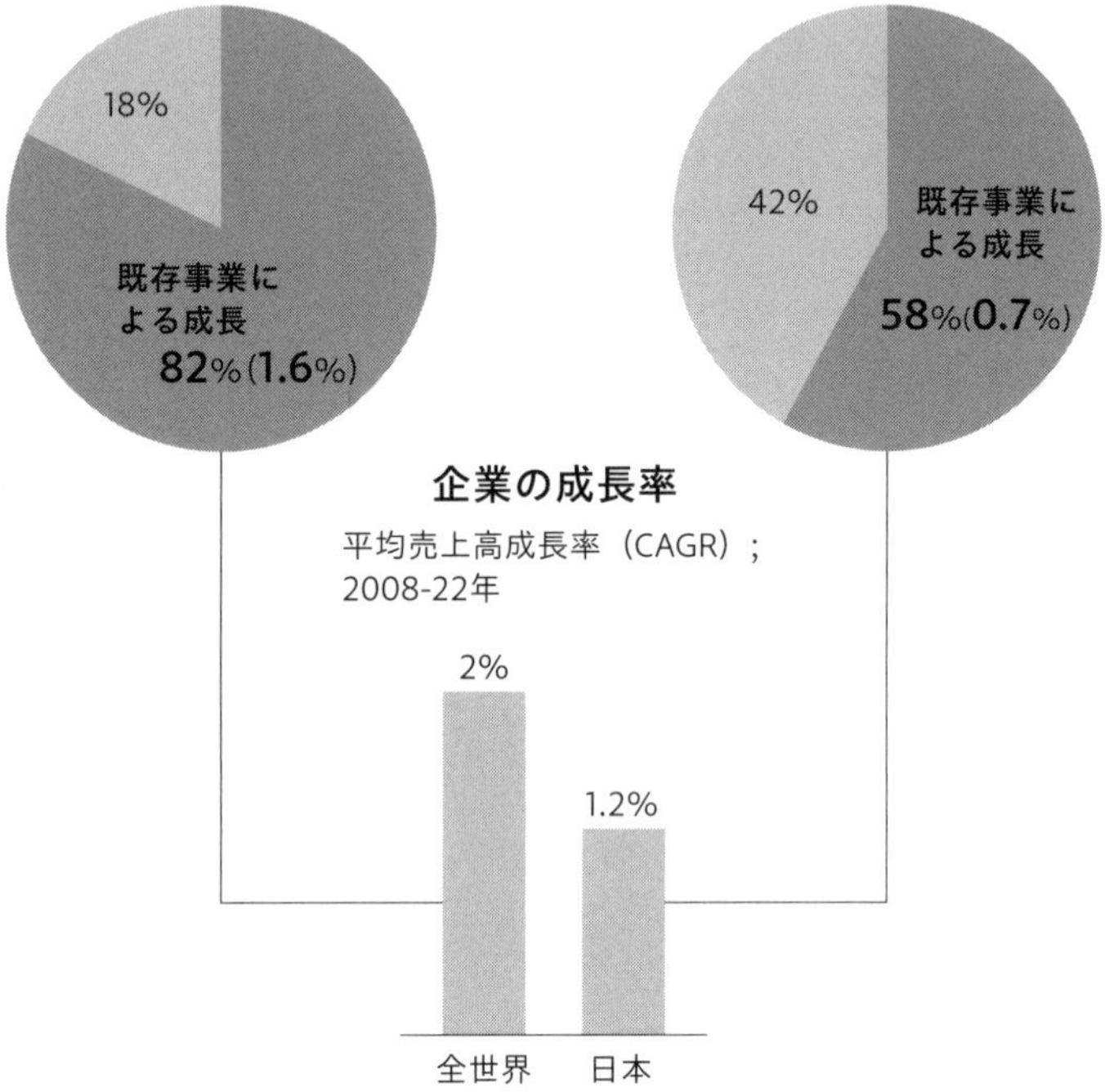


出所）マッキンゼー

## 図表1-4　世界長寿企業構成比

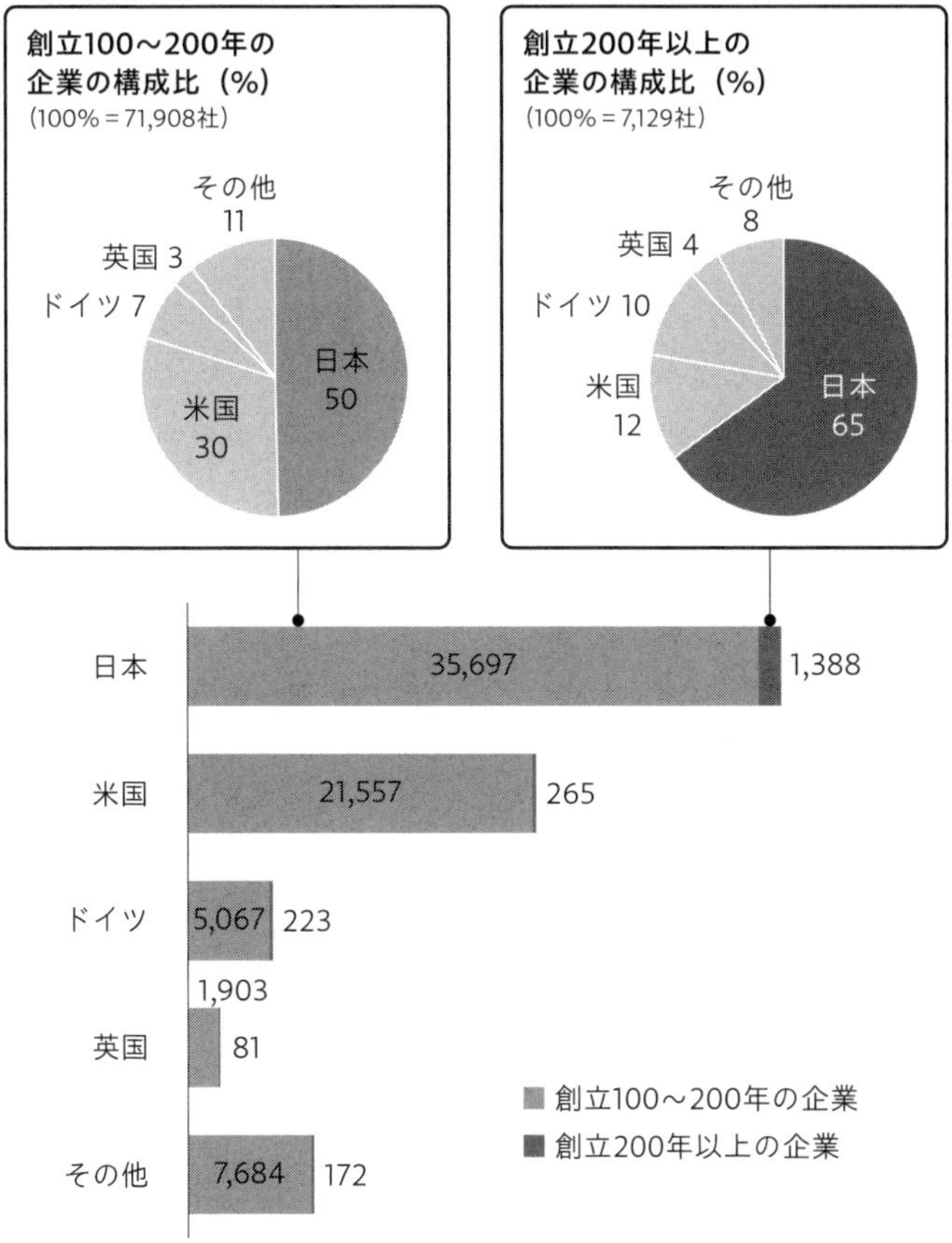


出所）日経BPコンサルティング 周年事業ラボにより、帝国データバンクとビューロー・ヴァン・ダイク社の2022年9月時点のデータをもとに作成

図表1-5　新規・既存事業別の成長率比較

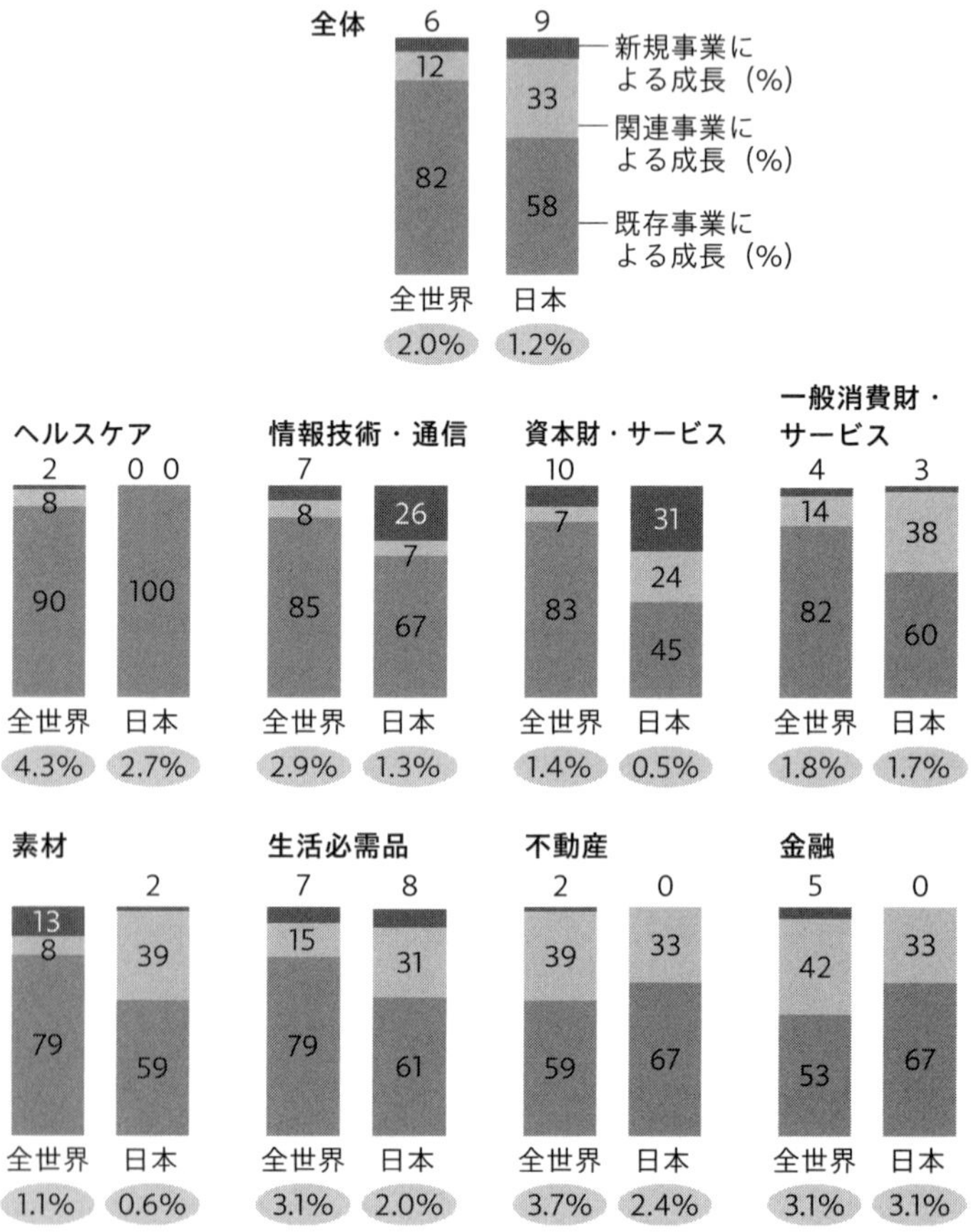


注）1. 業界別売上成長率、全世界：n＝1,794、日本：n＝493、2018年の売上で見た上場最大手3,000社（2005-09年の平均売上は10億ドル超え）と、2005-09、2015-19年（n＝1,794）の信頼性の高いビジネスセグメントデータ
2. 既存事業による成長＝分析開始時点で、売上げに占める割合が最大の事業の成長
3. 関連事業による成長＝企業がすでに参入している下位事業内のビジネスセグメントの成長
4. 新規事業による成長＝参入していなかった事業への新規参入による成長
5. グラフの下の数値は平均売上高成長率

出所）Corporate Performance Analytics、Capital IQ、Strategy Analytics、マッキンゼー

65％。出典：日経ＢＰコンサルティング周年事業ラボにより、帝国データバンクとビューロー・ヴァン・ダイク社の２０２２年9月時点のデータをもとに作成）（**図表1－4**）。

長寿企業が多い理由としては、日本では企業が社会の公器としての役割を果たしてきた一つの証左といえるだろう。そして長く続いてきた既存事業には、概して企業として拠って立ってきた歴史への思い入れが非常に強い。

実は日本企業ではこの「祖業を大事にする姿勢」が、コア事業における変革を阻害しているケースも多く、結果として低成長率を招いていることが少なくないのである。業種によって多少のばらつきはあるものの、グローバルな成長企業の多くは既存事業を時代に合わせるかたちで拡大し、成長しているという現実がある（**図表1－5**）。したがって、世界で存在感を高めていくためには、既存事業を変革し、その成長を実現させる戦略が求められる。

## (2) ソニーグループと富士フイルムに見る成功事例

それでは、自社の持つ技術やブランドをベースに既存事業を変革し、成長させた日本発のグローバル企業の例を見ていくことにする。

例えば、ソニーグループは2012年頃から「One Sony」を掲げ、既存事業の大胆な改革を行いつつ、高収益路線に舵を切っている。事業別に目指すROIC（投下資本利益率）を定め、売上構成におけるリカーリング型事業（長期的に収益を得ることができるようなビジネスモデル）の割合を意図的に増やしていく戦略を取った。

事業ポートフォリオも収益性の高いエンターテインメントやゲームに加え、ものづくりの分野でも世界市場全体を対象に、規模の経済を効かせたイメージングセンサーに注力し、強力な柱になるまで育て上げた。

ソニーは、さらなる持続的成長を目指す姿勢を明確にしている。

また、富士フイルムは、自社の持つ化学技術を多角的に活用して、医療機器など安定高成長の分野に大胆にリソースを配分した。

自社が優位にある状態でも、市場として成熟期を超えた写真フィルム市場から大きく方向性を転換し、高成長な医療分野のなかで勝てる素地のある領域の開拓を進めている。こうしたポートフォリオの切り替えの大胆さが、成功の一つの要因であった。

この二つの例は、事業領域の選択に見せた大胆さだけでなく、もとよりグローバルに市場を定義して日本市場だけでは得られない成長を追求した点が特筆される。また、この二社以外にも、成長に向けて関連事業や新規事業に着手する際に、既存事業と類似性の高い関連分野で事業を展開し、独自の競争優位性を発揮している企業は、高い確率で他社を上回る収益成長率を保持していることが明らかになっている。

こうしたポートフォリオの刷新、M&Aや事業売却の活用等については、第3章で、より具体的に触れていく。

このように、日本企業がグローバルで成功するためには、新規事業の拡大はもとより、既存事業の革新が何より不可欠であり、新規事業と既存事業の両輪をフルに回して、海外市場での成長を実現することが鍵となる。

## 2　企業がもたらす社会の包摂的かつ持続可能な成長

### (1) このままでは日本経済の低迷は続く

日本では、生産年齢人口が2007年以降、減少を続け、今後30年の日本経済の成長率は、現在の成長率トップ5カ国をかなり下回ると予測される（**図表1－6**）。

日本が直面する生産年齢人口の減少を踏まえると、生産性向上は日本企業にとっての喫緊の課題である。マッキンゼーの調査によれば、日本がゼロ成長から抜け出して、現在のGDP成長率を維持するためには、生産性を2・5倍に向上させる必要がある（「The Future of work in Japan」2020年）。

したがって、日本企業が生産性を向上させて海外での存在感を高めるには、日本独自の歴史や文化を背景とした特性を活かしつつ、グローバルでの成功要件を取り入れていかなくてはならない。

世界での競争力を高める企業の成功要件を実行に移し、グローバル企業としての競

**図表1-6　主要国の今後30年のGDP予測**

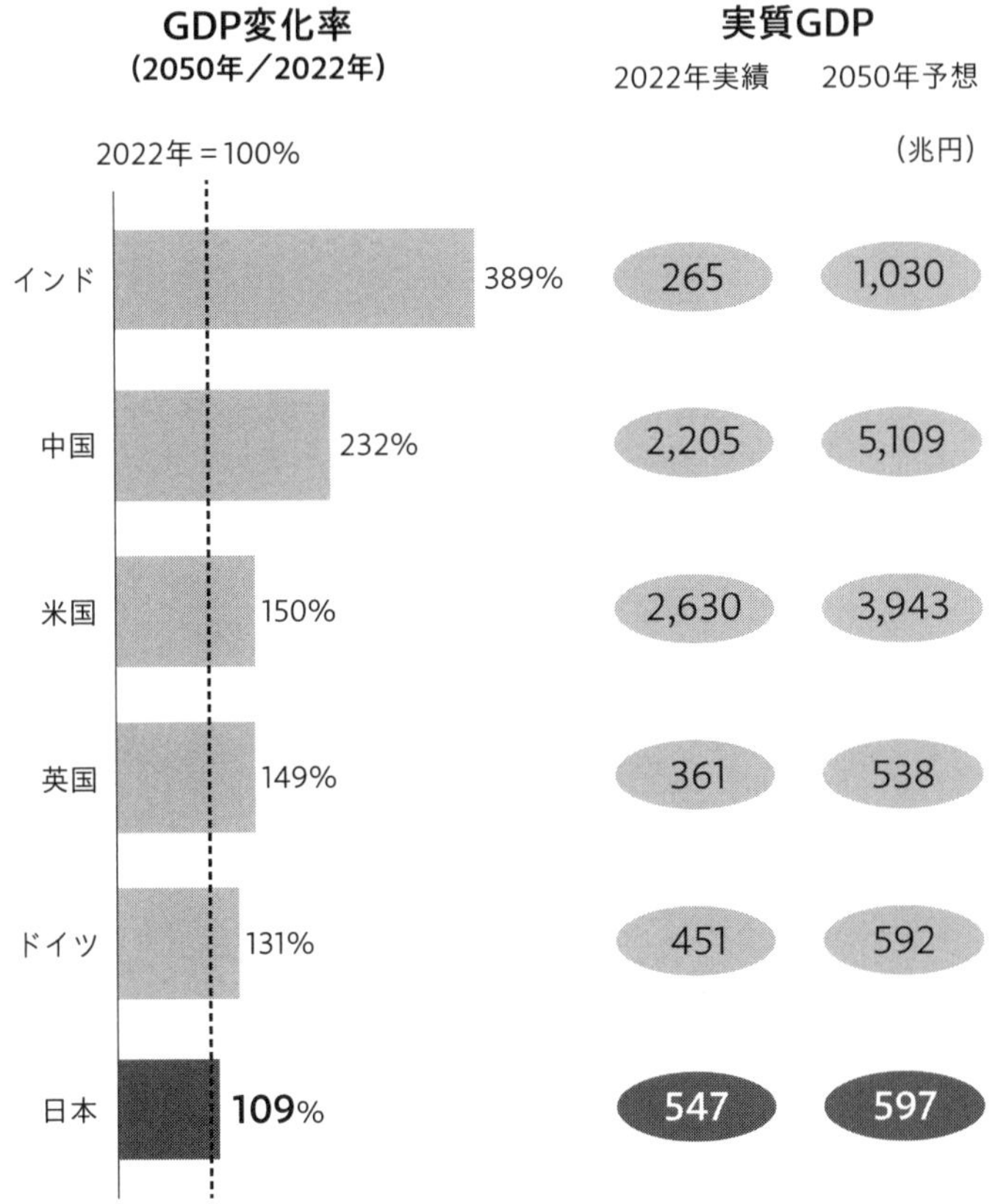


注）1. 2050年予想GDP変化率の比較
2. 為替レートは2022年平均値を使用：1インドルピー＝2.16円、1中国元＝19.97円、1米ドル＝122.44円、1英ポンド＝139.13円、1ユーロ＝130.76円

出所）オックスフォード・エコノミクス、マッキンゼー

争力を獲得することで、新たな経済圏の創出や日本経済に大きな影響を及ぼすことが可能となる。

## (2)「包摂的かつ持続可能な成長」が意味するもの

世界では、近年の社会状況や市場環境の大きな変化から、さまざまな背景を持つ人材を分け隔てなく支援し、活躍の場を与えることが主流となっている。

したがって、多様性のある人材を社会に受け入れ、より多くの人がよりよい生活を送れるように、「包摂性」に富み、「持続可能」な「成長」が企業に求められている。日本発のグローバル企業は、日本における「三方よし」の理念とも合致し、「包摂性」「持続」「成長」の3つの概念は、互いに補強し合う関係である（**図表1－7**）。

例えば、「成長」がなければ「持続的」に可能性への投資資金を用意することはできない。そもそも事業や組織が「持続的」でなければ、当然ながら、将来にわたって「成長」を続けることはできない。また、分け隔てのない「包摂性」を認める社会でなければ、さまざまな人々が労働に参加し、「成長」に不可欠な需要を生み出すことはできない。

図表1-7　成長、包摂性、持続性の関係性

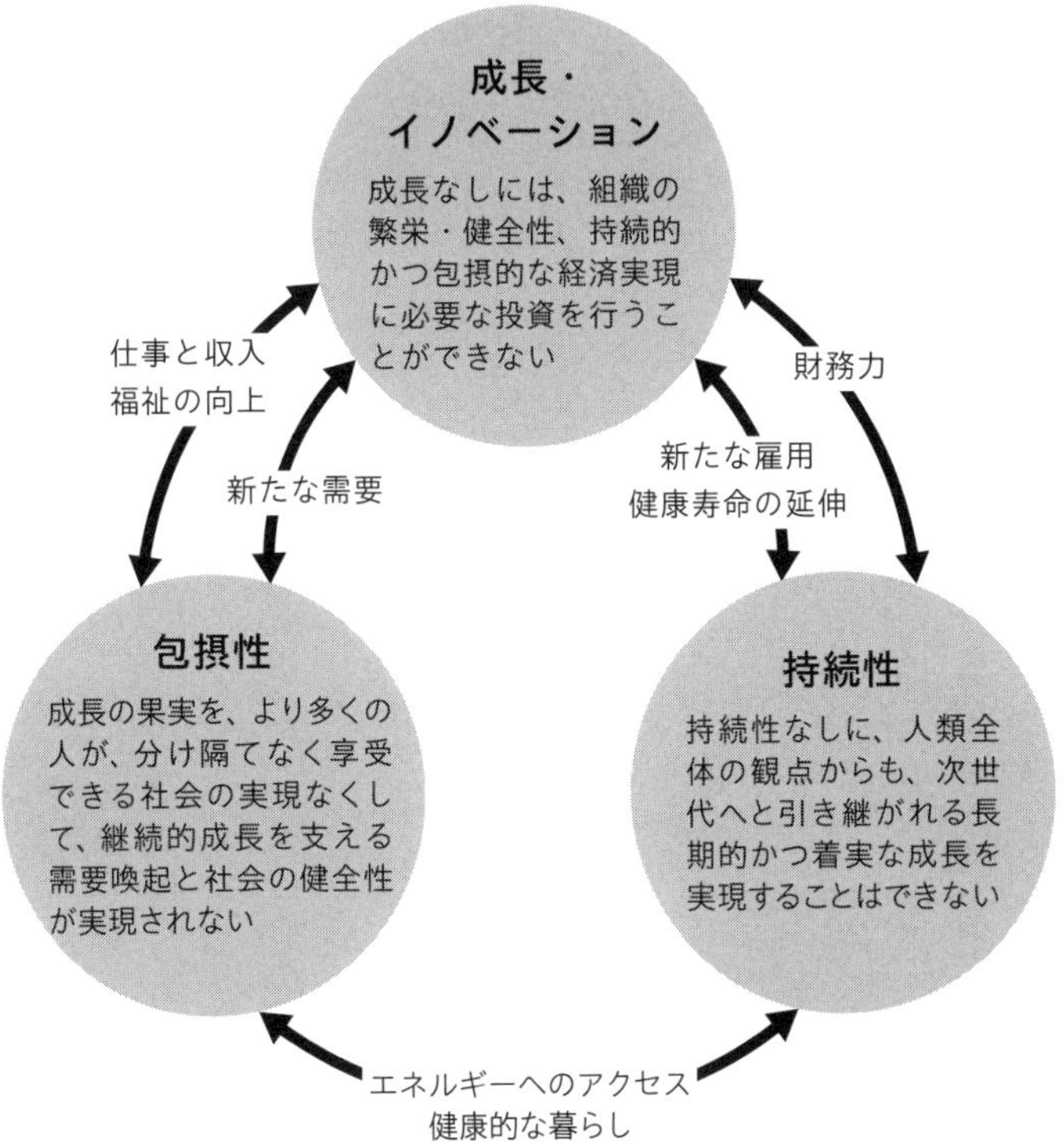
成長・
イノベーション
成長なしには、組織の繁栄・健全性、持続的かつ包摂的な経済実現に必要な投資を行うことができない
仕事と収入
福祉の向上
新たな需要
財務力
新たな雇用
健康寿命の延伸
包摂性
成長の果実を、より多くの人が、分け隔てなく享受できる社会の実現なくして、継続的成長を支える需要喚起と社会の健全性が実現されない
持続性
持続性なしに、人類全体の観点からも、次世代へと引き継がれる長期的かつ着実な成長を実現することはできない
エネルギーへのアクセス
健康的な暮らし

出所）マッキンゼー

一方、これらの概念が相反する状況が存在するのも現実である。例えば、「成長」によって社会の高度化が進んだ結果、テクノロジーによって一部の作業（職業）が代替されるようになり、社会の「包摂性」が損なわれる危険が出てくる。

## (3) 包摂性に富み持続可能な社会の実現に向けた企業の役割

企業がどのように社会に関わっていくべきか。企業の影響力を考える際には、その国と国民が置かれている状況についても、正しく理解する必要があるだろう。G20の国々を比較しても、各国の成長、包摂性、持続性のありようにはばらつきが非常に大きく、特に日本は、一人あたりのGDP成長率、ジェンダーの平等性、一人あたりの$CO_2$排出量などで、他国に対して大きく後れを取っている（図表1－8、1－9）。

日本で、企業が社会の包摂性と持続性に大きな影響を及ぼし得る指標として、エンパワーメントギャップとネット・ゼロ投資ギャップを取り上げることにする。

エンパワーメントギャップは、人々が安全に暮らすことができるよう、社会の包摂性を担保するための指標である。世界全体では、極貧層は減ってきているが、一方で、すべての人々にとって、十分な食事、健康、医療、教育、水、エネルギーなど、十分

**図表1-8　持続可能で包摂的な成長を目指す過程においても
日本企業は大きく貢献していく**

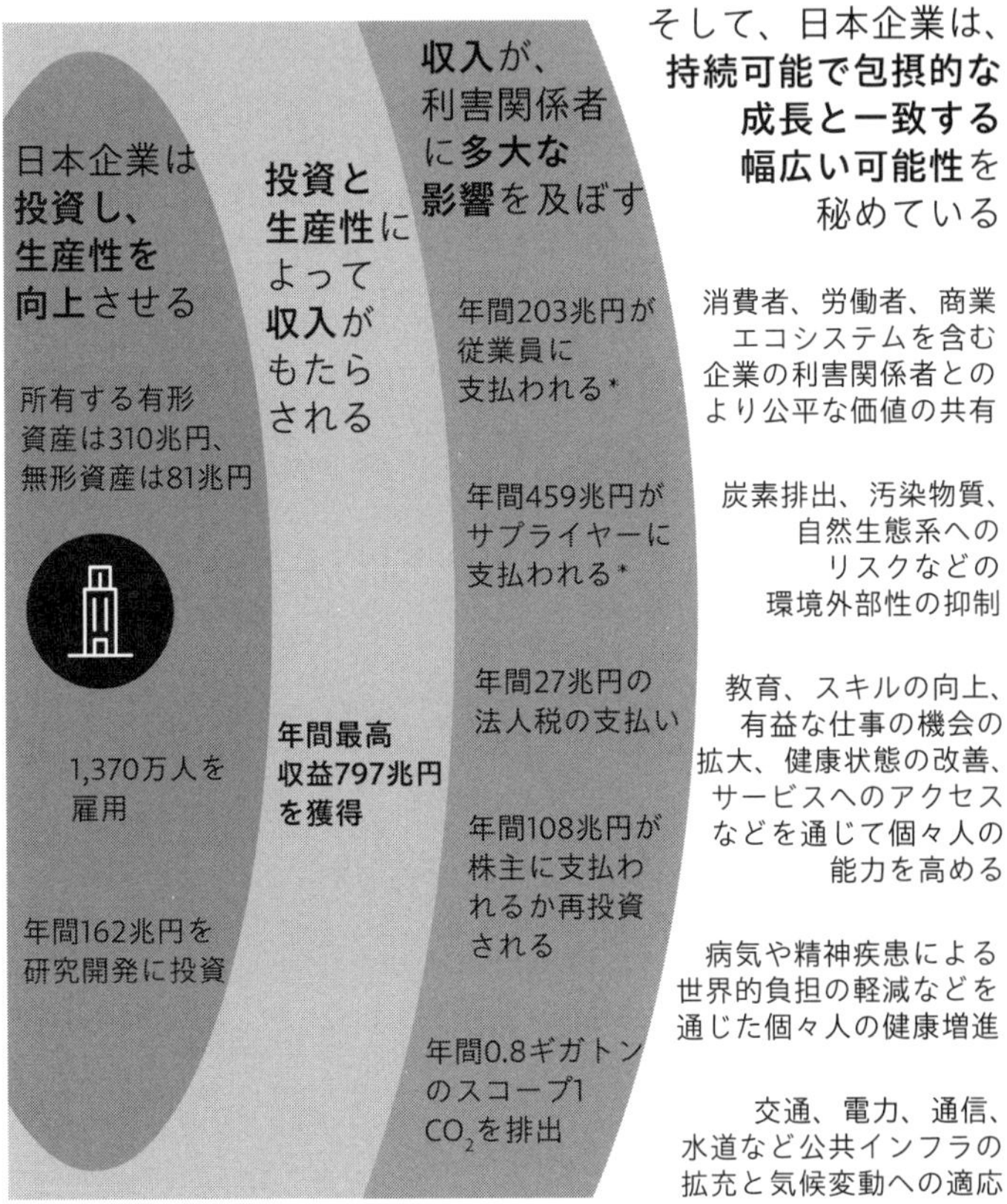
日本企業は**投資し、生産性を向上**させる
所有する有形資産は310兆円、無形資産は81兆円
1,370万人を雇用
年間162兆円を研究開発に投資
**投資と生産性**によって**収入**がもたらされる
**年間最高収益797兆円を獲得**
**収入**が、利害関係者に**多大な影響**を及ぼす
年間203兆円が従業員に支払われる*
年間459兆円がサプライヤーに支払われる*
年間27兆円の法人税の支払い
年間108兆円が株主に支払われるか再投資される
年間0.8ギガトンのスコープ1 $CO_2$を排出
そして、日本企業は、**持続可能で包摂的な成長と一致する幅広い可能性**を秘めている
消費者、労働者、商業エコシステムを含む企業の利害関係者とのより公平な価値の共有
炭素排出、汚染物質、自然生態系へのリスクなどの環境外部性の抑制
教育、スキルの向上、有益な仕事の機会の拡大、健康状態の改善、サービスへのアクセスなどを通じて個々人の能力を高める
病気や精神疾患による世界的負担の軽減などを通じた個々人の健康増進
交通、電力、通信、水道など公共インフラの拡充と気候変動への適応

注）日本に本社がある年商約1,300億円超の上場企業、2018-20年の平均。OECDにおける技術投資に対する企業の貢献にもとづく、1ドル＝135円

＊　マッキンゼー・グローバル・インスティテュートによる「A new look at how corporations impact the economy and households」（2021年5月）の分析にもとづく。企業の合計は、日本国内での活動だけでなく、企業の収益と活動全体にもとづく

出所）OECD、世界銀行、マッキンゼーによる分析

あまり望ましくない成果　　　　より望ましい成果

| アルゼンチン | 中国 | ロシア | サウジアラビア | 韓国 | イタリア | EU | フランス | 日本 | 英国 | カナダ | ドイツ | オーストラリア | 米国 | G20平均 |
|---|---|---|---|---|---|---|---|---|---|---|---|---|---|---|
| 10 | 10 | 11 | 23 | 32 | 34 | 35 | 41 | 41 | 43 | 46 | 47 | 55 | 65 | **16** |
| 0.9 | 8.4 | 3.3 | 0.6 | 3.3 | 0.0 | 1.2 | 0.8 | 0.8 | 1.0 | 1.5 | 1.2 | 1.4 | 1.2 | **4.7** |
| 18 | 13 | 24 | 40 | 44 | 47 | 45 | 49 | 46 | 56 | 59 | 57 | 54 | 80 | **22** |
| 77 | 77 | 73 | 75 | 83 | 83 | 81 | 83 | 84 | 81 | 82 | 81 | 83 | 79 | **75** |
| 9 | 8 | 6 | 7 | 3 | 3 | 4 | 5 | 3 | 4 | 5 | 4 | 4 | 7 | **19** |
| 11 | 8 | 12 | 10 | 12 | 10 | 12 | 12 | 13 | 13 | 13 | 14 | 13 | 13 | **9** |
| 87 | 73 | 88 | 100 | 98 | 75 | 100 | 86 | 90 | 95 | 92 | 91 | 90 | 91 | **68** |
| 49 | 80 | 76 | 72 | 95 | 94 | 92 | 94 | 98 | 96 | 100 | 99 | 100 | 93 | **79** |
| 0.7 | 0.8 | 0.8 | 0.3 | 0.7 | 0.7 | 0.8 | 0.9 | 0.7 | 0.9 | 0.9 | 0.8 | 0.9 | 0.8 | **0.6** |
| 38 | 42 | 33 | 50 | 34 | 34 | 30 | 30 | 32 | 34 | 30 | 29 | 33 | 39 | **43** |
| 3.7 | 6.6 | 9.8 | 18.8 | 13.6 | 7.4 | 7.7 | 6.5 | 10.2 | 7.7 | 15.4 | 9.9 | 14.9 | 17.1 | **6.0** |
| 0.4 | 0.7 | 1.0 | 0.7 | 0.4 | 0.2 | 0.2 | 0.1 | 0.2 | 0.1 | 0.3 | 0.2 | 0.3 | 0.2 | **0.4** |

値にもとづく

Lab

## 図表1-9　G20加盟国間では、成長、包摂性、持続性の成果において大きな違いが見られる

| | | インド | インドネシア | 南アフリカ | ブラジル | トルコ | メキシコ |
|---|---|---|---|---|---|---|---|
| 成長 | 1人あたりGDP（千ドル、2019年） | 2 | 4 | 7 | 9 | 9 | 10 |
| 成長 | 1人あたりGDP成長率（千ドル、2000-2019年） | 5.2 | 3.9 | 1.1 | 1.3 | 3.2 | 0.5 |
| 成長 | 1人あたりの1日の消費量（1日あたりの支出の中央値、2011年PPP［購買力平価］） | 7 | 10 | 9 | 14 | 23 | 15 |
| 包摂性 | 平均寿命（年数） | 70 | 72 | 64 | 76 | 78 | 75 |
| 包摂性 | 乳幼児死亡率（出生1,000人あたりの5歳未満の死亡数） | 34 | 24 | 35 | 14 | 10 | 14 |
| 包摂性 | 学校教育の量年数 | 7 | 8 | 10 | 8 | 8 | 9 |
| 包摂性 | デジタルにおける包摂性（インターネットにアクセスできる人の割合、%） | 43 | 62 | 70 | 81 | 81 | 72 |
| 包摂性 | 金融面における包摂性（銀行口座を持つ人の割合、%） | 80 | 49 | 69 | 70 | 69 | 37 |
| 包摂性 | 男性に対する女性の労働参加率の割合 | 0.3 | 0.7 | 0.8 | 0.7 | 0.5 | 0.6 |
| 包摂性 | ジニ係数 | 50 | 47 | 63 | 48 | 40 | 43 |
| 持続性 | 1人当たりの$CO_2$排出量（消費、1トン） | 1.8 | 2.5 | 5.7 | 2.4 | 4.8 | 3.6 |
| 持続性 | GDPに対する$CO_2$排出量の割合（消費、米ドルあたりのkg、2019年） | 0.9 | 0.6 | 1.1 | 0.2 | 0.5 | 0.4 |

注）1. 特に記載のない限り、数値は2019年の値を表す
2. EUの成果にはイタリア、ドイツ、フランスの成果が含まれる
3. インターネットにアクセスできる人の割合は2009年から21年の範囲において入手可能な最新の数
4. 銀行口座を持つ人の割合は2011年から17年の範囲において入手可能な最新の数値にもとづく

出所）Global Carbon Project、Global Findex Database、国際電気通信連合、国連、世界銀行、World Data

**図表1-10　エンパワーメントライン：すべての人が必要不可欠で本質的なニーズを満たし、安全な生活を送ることが可能なポイント**

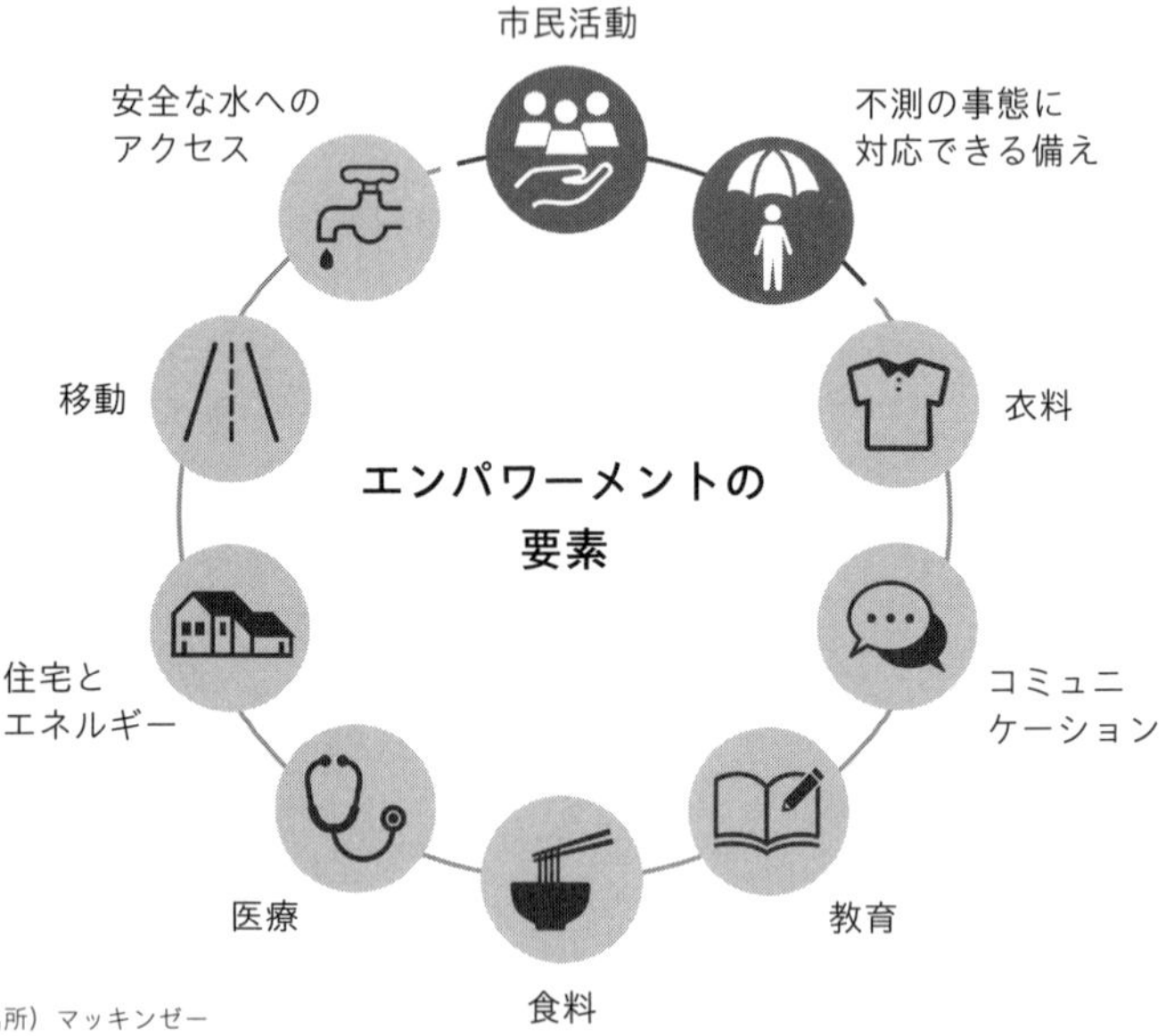


出所）マッキンゼー

な生活環境を提供することができる社会を実現すること、すなわち、エンパワーメント（**図表1－10**）を加速させることが、世界的に重要なテーマとなっている。

世界では、77億人の人口のうちエンパワーメントラインを超えている人が30億人で、エンパワーメントラインを超えていない人が、47億人いる。この47億人の人口分布は地域ごとに大きく異なっている（**図表1－11**）。

日本の状況はどうだろうか？　日本のエンパワーメントラインの一日あたり平均支出額は29ドルであり、そのエンパワーメントラインを下回る人々が２０００万人いる。これは人口の19％に迫る数字である。諸外国と比べると比率的に低い値ではあるものの、総数としての２０００万人は見過ごすことはできない。日本として今後こうした人々の数を減らし、より多くの方が必要な社会サービスを受けることができ、それをもとに自己向上に励み、社会としての包摂性を上げていかなければならない（**図表1－12**）。

マッキンゼーの調査によると、２０２１～２０３０年で全世界累積でエンパワーメントギャップを解消するためには、37兆ドルが必要で、日本はその約１％にあたる０・38兆ドルが必要である。これは日本の２０２１年～２０３０年の累積ＧＤＰの約０・７％を占める大きな額である（**図表1－13**）。

**図表1-11　世界で47億人がエンパワーメントライン以下で生活している。この47億人の人口分布は地域によって異なる**

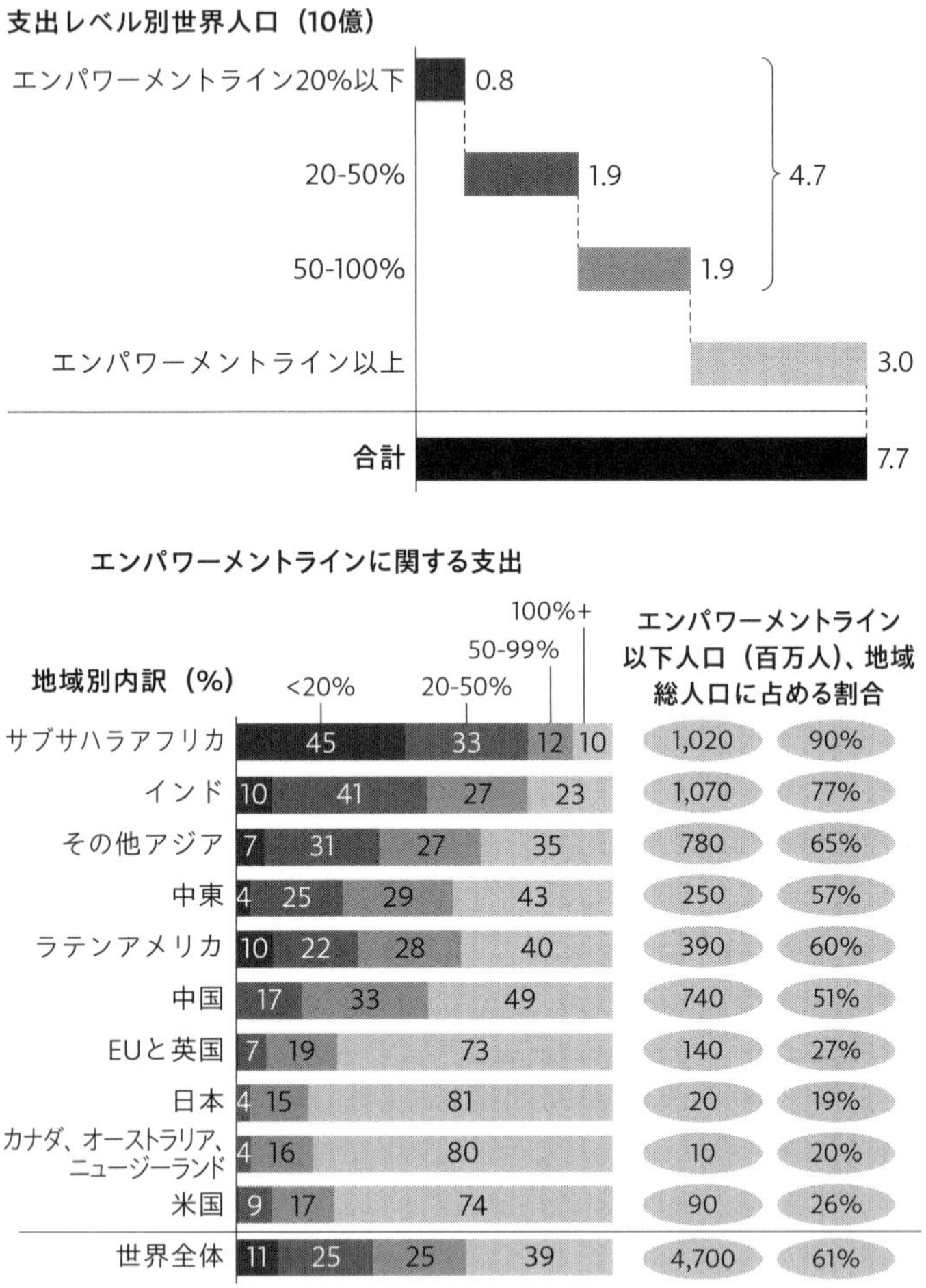


注）2020年データ。エンパワーメントラインがPPP（購買力平価）12ドルというグローバル・フロアに設定されている低所得国の極貧ラインをわずかに上回る水準。ここに挙げた地域は、エンパワーメントライン以下の世界人口の95%を占めている

「その他アジア」カテゴリーは30カ国で構成されており、中国、インド、日本は含まれない

出所）世界銀行、IMF、OECD、マッキンゼー

### 図表1-12　日本の人口のグループ別の平均支出額とエンパワーメントライン

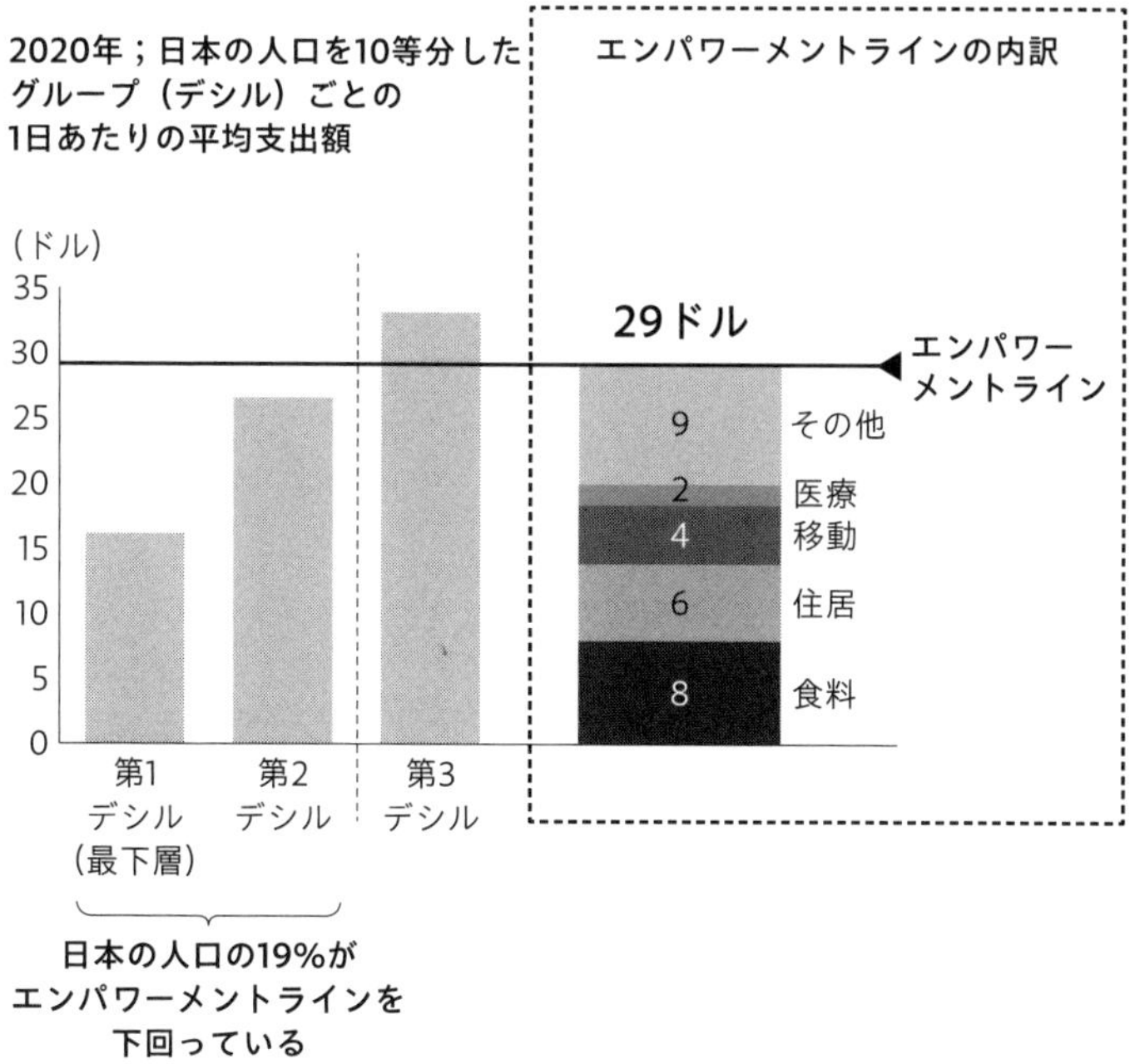


出所）ワールドデータラボ、WageIndicator Foundation、オックスフォード・エコノミクス、世界銀行、OECD

**図表1-13　エンパワーメントギャップ是正のシナリオ**

**2030年までのエンパワーメントギャップ　37兆ドル（約5,500兆円）**
（2021-30年の累積、全世界）　2023年9月現在

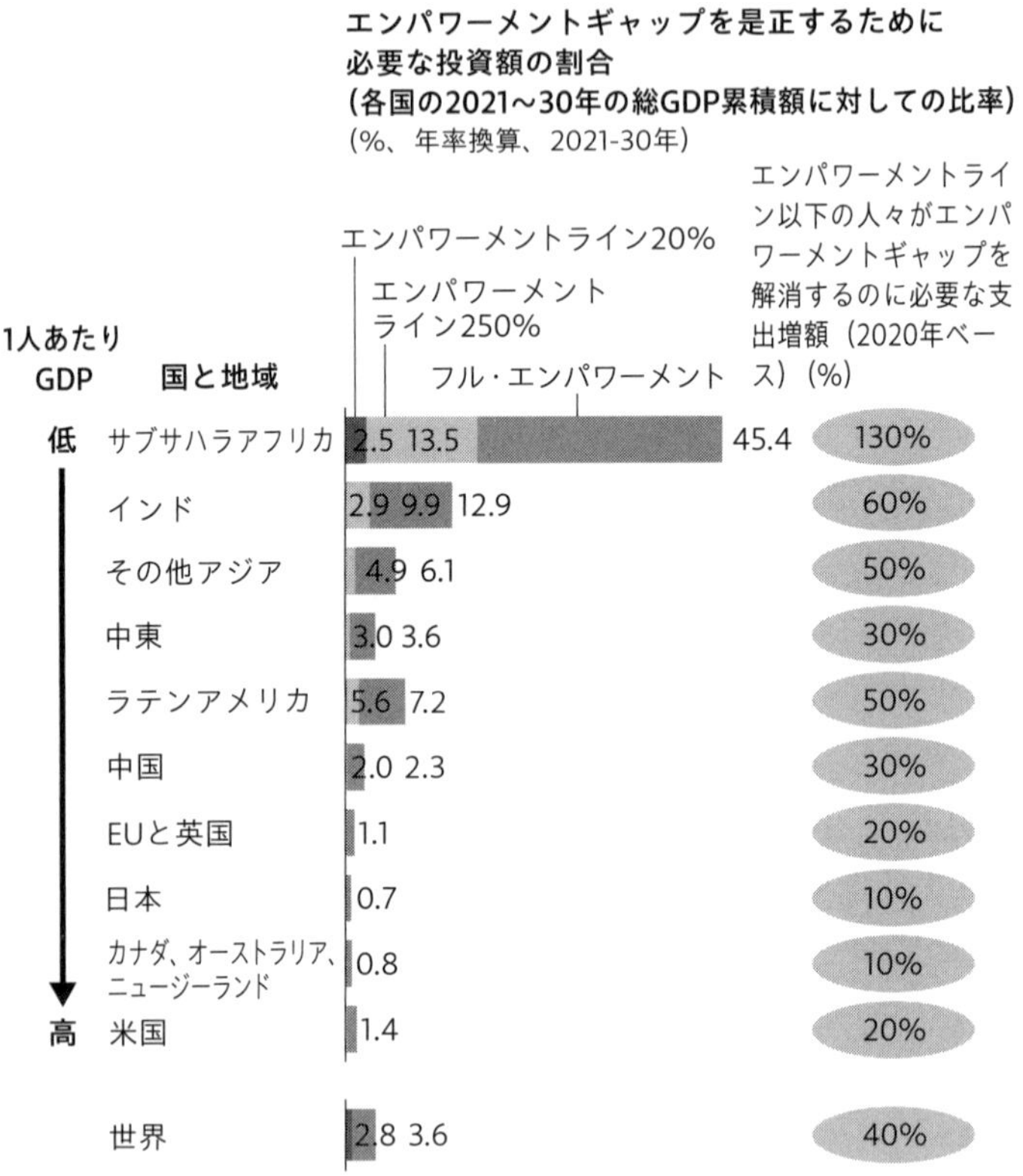


注）高成長シナリオ（年率3.4%の世界成長、2021-30年）
2021-30年のエンパワーメントライン以下の人々に対する目標支出を、2020年の支出および現物給付をベースとした数値で割ったもの。2021年から30年までの各年の支出を直線的に増加させ、2030年に完全なエンパワーメントを達成した場合の数字。2020年から30年のフル・エンパワーメントまでの世界の支出の増加率は約80%
「その他アジア」カテゴリーは30カ国で構成されており、中国、インド、日本は含まれない
出所）世界銀行、IMF、OECD、マッキンゼー

ネット・ゼロ投資ギャップは、持続可能な社会実現のための指標である。2050年までに世界全体で温室効果ガス排出ゼロ（ゼロエミッション）を達成するために、2020年に投資された金額を超えて低排出資産に必要な追加投資を指す。

エンパワーメントギャップの分析同様に、ネット・ゼロ実現に必要な投資額の国際比較を見てみたい。2030年に向けて2021年からの10年間で、世界規模で、累積約6000兆円の投資が必要になってくる。日本においては、全世界の必要投資額の約3％を占めるが、これは2021～30年の日本のGDPの累積額の約2・2％を占める大きな数字である（**図表1―14**）。

ここまでエンパワーメントギャップおよびネット・ゼロ実現に向けたギャップの二つについて、世界規模の比較および日本の状況について見てきた。ここから読み取れるのは、世界レベル、そして日本社会の喫緊の要請として、ギャップ解消を実現するための経済成長や投資の必要性である。その主役である企業の成長を実現することで、この二つのギャップを最大限埋めることが、包摂的かつ持続可能な社会の実現につながるといえる。そして個社の取り組みに加えて、企業間連携や国の施策として取り組むことで、日本の将来の包摂的かつ持続可能な社会の実現につなげていくことが重要だ（**図表1―15**）。

## 図表1-14　ネット・ゼロ投資ギャップ是正に向けたシナリオ

**2030年までのネット・ゼロに向け必要な投資額 41兆ドル（約6,000兆円）**
（2021-30年の世界の累積）　　2023年9月現在

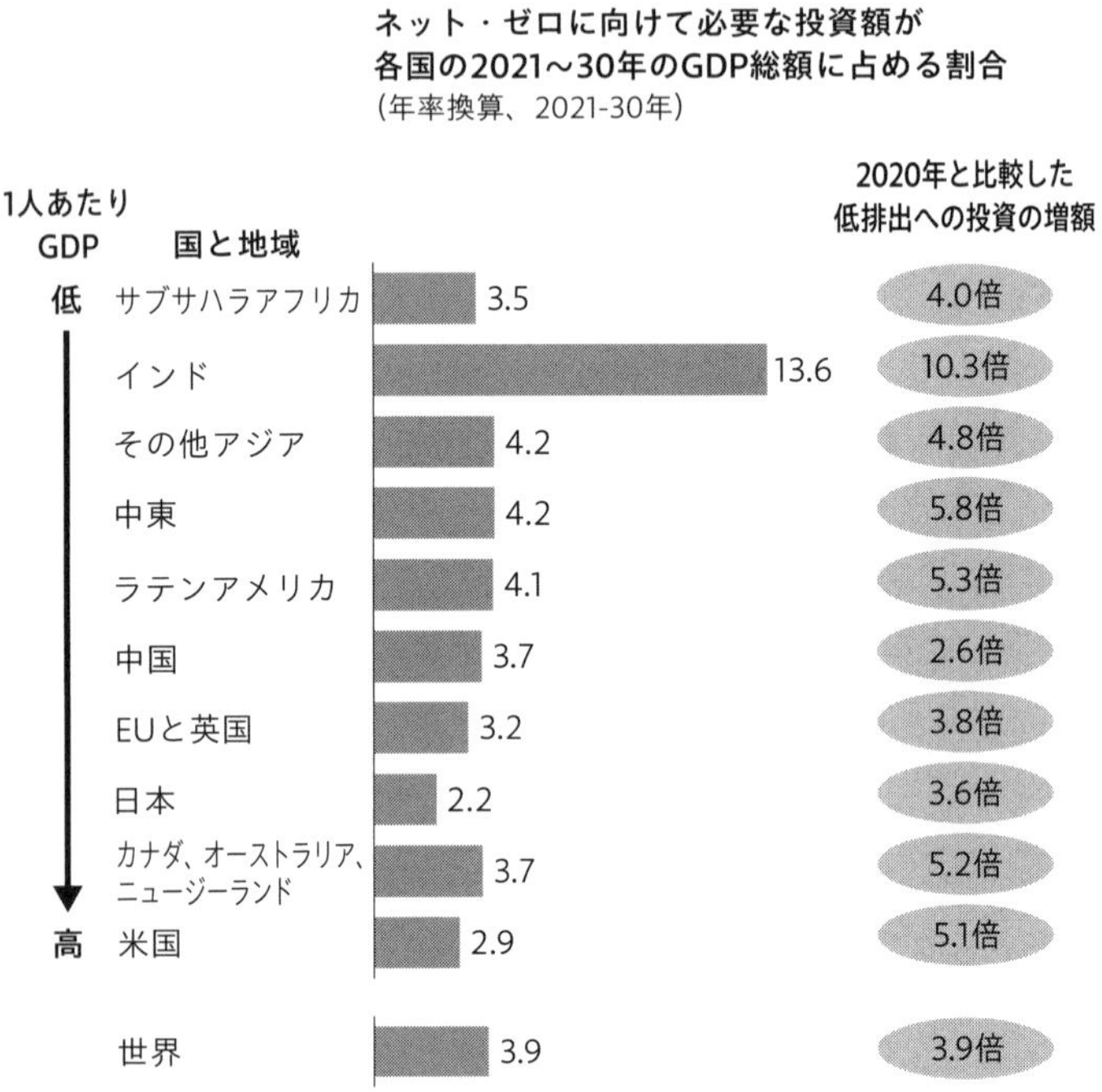


注）図表の国と地域は、世界のGDPの95%を占めている。これは予測や予想ではなく、エンパワーメントと持続可能性の具体的な目標を達成するうえで、どのように資金調達できるかを分析したシナリオである。持続可能性については、REMIND-MAgPIE（フェーズ2）を用いた金融システムグリーン化ネットワーク（NGFS）のネット・ゼロ2050シナリオを出発点とし、高成長シナリオ用に修正した。我々の試算は、エネルギーおよび土地利用システムに関する必要な$CO_2$削減のための投資を含み、$CO_2$排出が高い資産への投資は含まない
1. 高成長シナリオにもとづく。低成長のベースラインシナリオでは、必要な投資額は37兆ドル（約5,500兆円、2023年9月現在）（累積、2021-30年）
2. 「その他アジア」カテゴリーは30カ国で構成されており、中国、インド、日本は含まれない

出所）McKinsey proprietary models、NGFS、オックスフォード・エコノミクス、世界銀行、Climate Policy Initiative、FAOSTAT、IEA、Damodaran data、マッキンゼー

## 図表1-15　包摂性と持続可能な社会の実現に向けた企業のアクションプラン

（縦軸：必要となる調整の度合い）

| | アクションの形 | 内容 | 例 | 今日できるアクション |
|---|---|---|---|---|
| 産業界には自ら取り組むインセンティブがある | 単独でのアクション | 革新的な企業が市場を拡大し、新しい市場を創造し、セクターやバリューチェーンの基準を変える | ● 太陽光エネルギーの会社がパネルをより安価に設置する方法を開発<br>● 病院がケアを改善するためのアプリを開発<br>● 小売企業が優秀な人材を惹きつけるために従業員の学位取得費用を負担 | イノベーションを起こす |
| 産業界には自ら取り組むインセンティブがある | 業界での協力・連携 | 企業のグループが、特に独立して行動すると競争上不利になる場合に、業界内の規格や基準を調整する | ● ファッション企業がリサイクルの新基準に合意<br>● 栄養食品の企業が品質を示す新しいラベルを開発<br>● ある業界におけるすべての企業が、実習の機会を提供することに同意 | 協力する |
| 産業界にはパートナーシップのもと取り組むインセンティブがある | 官民連携 | 民間、公的、慈善団体が、ソリューションの実装に必要なスキルと投資を持ち寄る | ● 不動産デベロッパーが、その目的のために確保された国有地に手頃な価格の住宅を建設し、管理<br>● 政府が食品会社と契約し、困っている人々に食事を提供 | 既存の連携の枠組みをフル活用する |
| 産業界にはパートナーシップのもと取り組むインセンティブがある | 政府による介入 | 企業や慈善活動家が政府と協力し、より大きな投資を可能にする新しい市場の枠組みを構築 | ● 企業が地方の顧客にデジタルインフラを提供できるよう、政府が市場を規制<br>● 政府が新たな炭素税を導入 | 公的機関との共創を始める |

出所）マッキンゼー

日本発のグローバル企業が、グローバルの舞台で存在感を高めて競争力を増すことは、日本が国として包摂性に富み、持続的な社会を実現していくうえで、きわめて重要なことなのである。

次章では、日本企業としての特性について整理し、グローバルでの成長アプローチにおける留意点をまとめていくことにする。

# 第2章

# 日本企業の特性を踏まえた成長アプローチ

日本は、海外の投資家や企業からどのように見られているのだろうか。日本という国の風土が与えた国民性。それは例えば多くの自然災害に見舞われることから生じた、抗い難い状況への諦念と、起こってしまったことへの力強い対応力。さらには、島国という環境がもたらした目に見えない対外的な脅威に対する感度の低さと、狭い国土で共存するための協調性や調整力など、が挙げられる。

これらは日本文化として、また日本の企業文化として私たちのなかに根強く存在している。

日本における美徳のなかには、もちろんグローバルの世界で活かせるものもある。しかし、それが弱点となる場合もある。いずれにせよグローバルの土俵で勝負するのであれば、まずはグローバルのルールを理解し、それを踏まえて事を進めていくことが必須である。

そのためにも、まずは自らの特性をよく理解し、その特性をグローバルでどう活かすのか、どのような強化が必要か、といった点について熟考すべきである。

# 1　日本文化が持つ力

まずは、海外の投資家やグローバル企業の視点なども踏まえて、日本企業の文化的な特徴を記していくこととする。

## (1) 世界で支持される「日本ブランド」

国家の魅力度を表す「ソフトパワー」という指標がある。これは1980年代後半に、ハーバード大学ケネディスクールのジョセフ・ナイ教授が唱えた概念で、軍事力や経済力などのハードパワーではなく、その国の文化や政治的価値観、政策の魅力などに対する共感や支持により、国際社会からの信頼や発言力を獲得する力、と定義されている。

日本のポップカルチャーは、世代を超えて「カッコイイ」「カワイイ（KAWAII）」と認識されるようになり、「ポケモンGO」などのゲームは世界中の若い世代に人気がある。また、世界の旅行者が選ぶ「訪れたい国」ランキングでも上位に選出されるなど、日本文化が持つソフトパワーは、引き続き世界を魅了している。「もったいない」という日本語が世界共通の「ＭＯＴＴＡＩＮＡＩ」として使われるようになり、「生きがい」という言葉が「個々人が人生をかけて追い求める価値のある活動」という概念として、世界中の企業の人材開発や研修の場で使われようになっている。

こうした日本文化のソフトパワーが評価される背景には、島国としての歴史を歩んできた日本ならではの感性と、日本人特有の「きめ細かさ」があるのではないか。あらゆるところに伏線が張られた、緻密で複雑な日本のアニメの物語性は、世代を問わず世界中のファンを魅きつけている。

またカプセルトイや食玩で知られる海洋堂は、造形技術の精巧さで世界的に知名度が高く、映画製作へのオファーはもとより、アメリカ自然史博物館からも依頼が来るほどになっている。１９６０年代に一坪半の店構えの模型店から始まったこの会社が、信念を持って時代の変化を乗り越え、今日、世界から指名が絶えないブランドになったことに、勇気づけられる人も少なくないだろう。

世界を魅了するブランドの構築には、多くの時間と労力を要する。この30年間で、国家としての日本やグローバルな日本企業の存在感が失われつつあるなか、日本文化のソフトパワーがいまだ強力なブランド力を維持しているのは喜ばしいことである。

そして、こうしたソフトパワーをさらに強化することにおいても、日本発のグローバル企業に期待される役割はまた大きなものになっている。

## (2) 長期的視点のもとイノベーションを生み出す日本企業

日本の国内総生産（GDP）は、2022年時点で世界第3位の規模である。規模が大きな日本の市場において、企業は長い年月をかけて徹底的なオペレーション改善の能力を培い、高い信頼性を獲得し、加えて数多くのイノベーションを生み出してきた。

日本企業はこれまで、長期的視点に立ってイノベーション創出を進めてきた。英国の調査会社クラリベイト・アナリティクスが発表した「Top100グローバル・イノベーター2023」では、優れたイノベーションパフォーマンスを継続的に発揮している組織に、日本からは38社が選出され、2022年（35社）に続きトップの選出国となっている。

その一社である日本電気（NEC）は、指紋、顔、虹彩を用いた生体認証技術において、世界1位の技術力を誇っている。現在これらの技術は国内外の空港や街中で広く応用されているが、日本電気はこれら生体認証技術の先駆けとなる指紋認証の研究を、1970年代から始めていた。iPhoneでタッチIDが使われ始めるなど、指紋認証技術の実用化が始まったのは2010年代であるから、同社はそうしたアプリケーションが開発されるずっと前から基礎技術の研究開発を進めていたことになる。

日本電気の顔認証のエラー率は0・23%と、世界の競合が精度を競うなかで依然として1位の座を獲得し続けており、世界でGAFAM（Google、Apple、Facebook（現Meta）、Amazon、Microsoft）をはじめとする多くのAI技術のリーディングカンパニーがあるなかでも、技術力においてリードしている。

これを可能としたのは、同社が先見性と長期的視野を持ってこの分野に投資してきたからにほかならない。このような先見性は、短期的なリターンのみを追い求める経営手法では決して持つことのできない特性である。

ここで示したような日本企業と文化の特性は、いずれも今後、未来の成功の礎として貴重な資産を生み出し得るものである。これらの日本文化としての特性に、それぞれの業界や企業文化が加わることで、グローバルな市場において独自の存在感を築き上げることが可能になる。

# 2 グローバル市場での存在感獲得のための留意点

前節で日本文化の特性に触れたが、そうはいっても、日本発の企業がグローバルな市場で競争力を持ち、存在感を獲得するには、グローバルの「いま」のルールを知らなければならない。なぜなら、かつて日本企業を成功に導いた特性が、現在のグローバル環境では成長を妨げる要因となる可能性もあるからである。

日本独自の文化的背景やそのなかで醸成された企業文化が、いまのグローバルの土俵上ではどのように見えるのか。さらには存在感の獲得のためには何をすればよいか。そして存在感のさらなる確立に向けて、この特性をどう活かせばよいか、をこの節では考えていくことにする。

## (1) 「大きな変化への受容性の高さ」と「緩やかな変化への感度の低さ」

先に日本の特性として、抗い難い大きな力に対しては諦念と高い対応力を示す一方で、静かに進む脅威への感度は低く、対応が遅れがちになると述べた。このことを示す事実が、歴史上のさまざまな場面で起こっている。

明治維新後の急速な近代化、第二次世界大戦後の復興と高度経済成長といった、急激な変化の局面では高い対応力を示す一方で、バブル崩壊後の失われた30年が示すように、グローバルで進行した緩やかな変化に対しては根源的な対応策を講じるまでには至らなかった事実がそれである。

この20～30年の間に、社会や市場環境、競争相手などが劇的に変化したにもかかわらず、日本発のグローバル企業には、変化しなければ企業の存続自体が危ういというレベルの危機感が欠如していた。

今後、社会や市場がさらに大きく速く変化するなかで、変化に事後的に対応する力だけではなく、自ら変化の兆しを読み取り、将来的な自社への影響を先取りして、リスクを取ってでも進化に向けて積極的に取り組んでいく行動力が求められる。

そのためにも、組織において感度を研ぎ澄まし、先々の一手を決断するという経営者の役割は非常に大きいといえる。

## (2)「謙虚で現実的」が「野心的な成長」を阻害

「GROWTH（成長）」は、CEOやビジネスリーダーの誰もが実現したいと願っているものである。しかしそれに反して、多くの組織にとって、依然としてつかみどころのないものとなっている。

2010年から19年にかけて、毎年10％以上の収益成長を達成した企業は、上場企業中8社に1社しかない。こうした現状では、持続的で収益性の高い成長の達成は難しいように思われるかもしれない。しかし実際には、どのような経済情勢にあっても、すべての企業が実現可能なのである。

持続的かつ収益性の高い「成長」の達成は、一言でいえばCEOの「選択」にかかっている。例えば、ヒューレット・パッカード、バーガーキング、ハイアット・ホテルズ、マイクロソフト、A·irbnbといった企業は、景気後退期に設立されたにもかかわらず高成長を遂げた。

これに対して日本企業のCEOや経営幹部は、組織のリーダーとして、「成長」するための明確な選択をしているだろうか。利益がすぐに出ないからといって、決意が揺らいでしまうことはないだろうか。

マッキンゼーは最新の調査で、成長する企業のCXO（Chief X Officer）が共通して持っている五つの成長マインドセット（グロースマインドセット）を特定した。これを、以下に紹介する。

①成長を遂げたストーリーを持っていること。社内の従業員だけでなく、社外にも頻繁に成長ストーリーを語り続ける（回答者の80％が該当）
②完璧さよりも、タイムリーな行動を取る。完璧を目指すことよりも、いかにスピーディにできるか、が重要である（同70％）
③失敗を恐れない。限られた数の賭けをするのではなく、複数でかつ長期的な賭けをすることが重要である（同70％）
④顧客を個人としてとらえる。「私は顧客を一人の人間として理解している」と言えること。カスタマーのニーズをとらえるためには、あらゆる手段を使って分析をすることが必要である（例えば、現場に実際に足を運んで課題やニーズ・ウオンツの観察をすること、店舗訪問など）（同70％）
⑤短期ではなく、長期的な成長を見据えること（同60％）

これらのマインドセットのうち、少なくとも三つの要素を兼ね備えている企業は、市場平均を2・4倍を超えて成長する可能性が高いことが明らかになっている。

現在、日本企業のなかで、グローバルの競合企業と同等、またはそれを上回る成長への意欲を持つ会社は少ない。日々企業の経営陣と議論するなかで感じるのは、特に海外市場での成長に関して、日本企業のリーダー層があまりにも「謙虚で現実的すぎる」ということである。

米国、中国、韓国、インドなどの海外企業は、小規模ながらも、将来的に世界を席巻する気概と意志を持って海外市場での競争に臨んでいる、というのにである。

一方、日本企業は、日本という自国の大きな規模の市場に依存しがちで、その緩やかな縮小に気づきながらも、海外進出を縮小を補完するための手段としてのみ考えることが多く、「謙虚・現実的」なかたちで海外展開を進めているというのが現状である。

たしかにかつては、日本市場向けにつくられた高品質な製品が、海外でも競争優位を確立していた時代もあった。しかし近年は、韓国や中国、台湾などのメーカーが品質を飛躍的に改善し、グローバルなサプライチェーンや量販体制を構築したことで、日本企業はシェアを奪われてしまった。

この「謙虚で現実的すぎる」成長への意欲も、日本の国や企業が長年強みにしてきたことの裏返しであり、かつての成功体験から抜け出せずにいる証左と考える。

「野心的な目標」という言葉を聞くと、日本ではネガティブなイメージを持つ人が多いかもしれない。個人の自己中心的な野心は好ましいものではないかもしれないが、企業や組織のなかで、挑戦的、場合によっては「そんなことが可能なのか」と思えるような壮大な夢、ビジョン、ゴールを設定することは、グローバルで成功する企業の経営者や経営チームにとって、飛躍的なイノベーションの源泉となることが多い。

だからこそ、「謙虚・現実的すぎる成長への意欲」を「挑戦的かつ野心的な成長への意欲」や「前向きな妄想力」に置き換えて、日本発のグローバル企業の底力を発揮することを望むのである。

### (3)「あうんの呼吸」が「グローバルでの多様性」を阻害する

日本発のグローバル企業は、競合する他国のグローバル企業に比べ、新しい才能や多様な人材の活用という面で大きく後れを取っている。いまだに多くの企業で、男性中心・日本人中心の考え方が企業経営の根底を成しており、依然として多様性、特にグローバルな多様性を受け入れる文化は定着していない。

1960～70年代に日本が経済成長を実現した背景には、企業の明確な方向性と、日本人を中心としたメンバーによる圧倒的なチームワークによる成功があった。この成功は、自己犠牲の精神や同質性の高い環境における「あうんの呼吸」に依るところが大きいといえる。

『異文化理解力』（エリン・メイヤー、英治出版、2015年）は、突出したハイコンテクストに日本文化の特徴があるという。つまり、話し手は言葉の意図を明示的に語らず、聞き手は語り手と同じコンテクスト（特定の事象や言葉を取り巻く状況や文脈）を共有することで、言葉の裏にある意味やニュアンスを理解することが求められる。

この「あうんの呼吸」は、これまで何百年もの間、日本文化の根底に流れる特徴の一つであり、社会の営みや企業経営を円滑に動かす潤滑油として組織に浸透し、重要な役割を果たしてきた。

しかしながら、現代のグローバル企業の経営においては、それが弱点となっているのではないだろうか。ほかにも「以心伝心」「暗黙の了解」「不文律」など、似たような概念や行動様式が数多く存在しているが、これらは日本独自のものであり、他の国々にはそのような概念自体が存在しておらず、日本語以外の言語では説明し難いものがある。

今日、市場や社会環境は日々変化している。企業は進むべき道を模索し、不確実性が多々あるなかで迅速な意思決定や軌道修正を行わなければならない。このような時代には、同質性の高いメンバーによる「あうんの呼吸」にもとづく経営は大きな足かせとなるのである。

マッキンゼーが2019年にグローバルで行った調査では、性別や国籍の多様性が高い企業は、市場平均の成長を上回る可能性が高いことが証明された（**図表2－1**）。これは多様性と国際性を高く保つことによって、企業が次の五つのメリットを享受できるからである。

①特定の出身母体や日本語話者などに限定せず、多様な候補者を対象にすることで優秀な人材を獲得できる
②多様な経験や背景を持つメンバーによる活発な議論や決断は、似たような意見を持つメンバーだけで議論する場合と比べて、意思決定の質を向上させる
③幅広い顧客に関する知見を吸い上げ、製品やサービスに反映することでイノベーションを加速することができる
④従業員の満足度やモチベーションが向上する

### 図表2-1　多様性を擁する経営幹部が業績を向上させる

業界平均を上回る業績を達成できる可能性*1

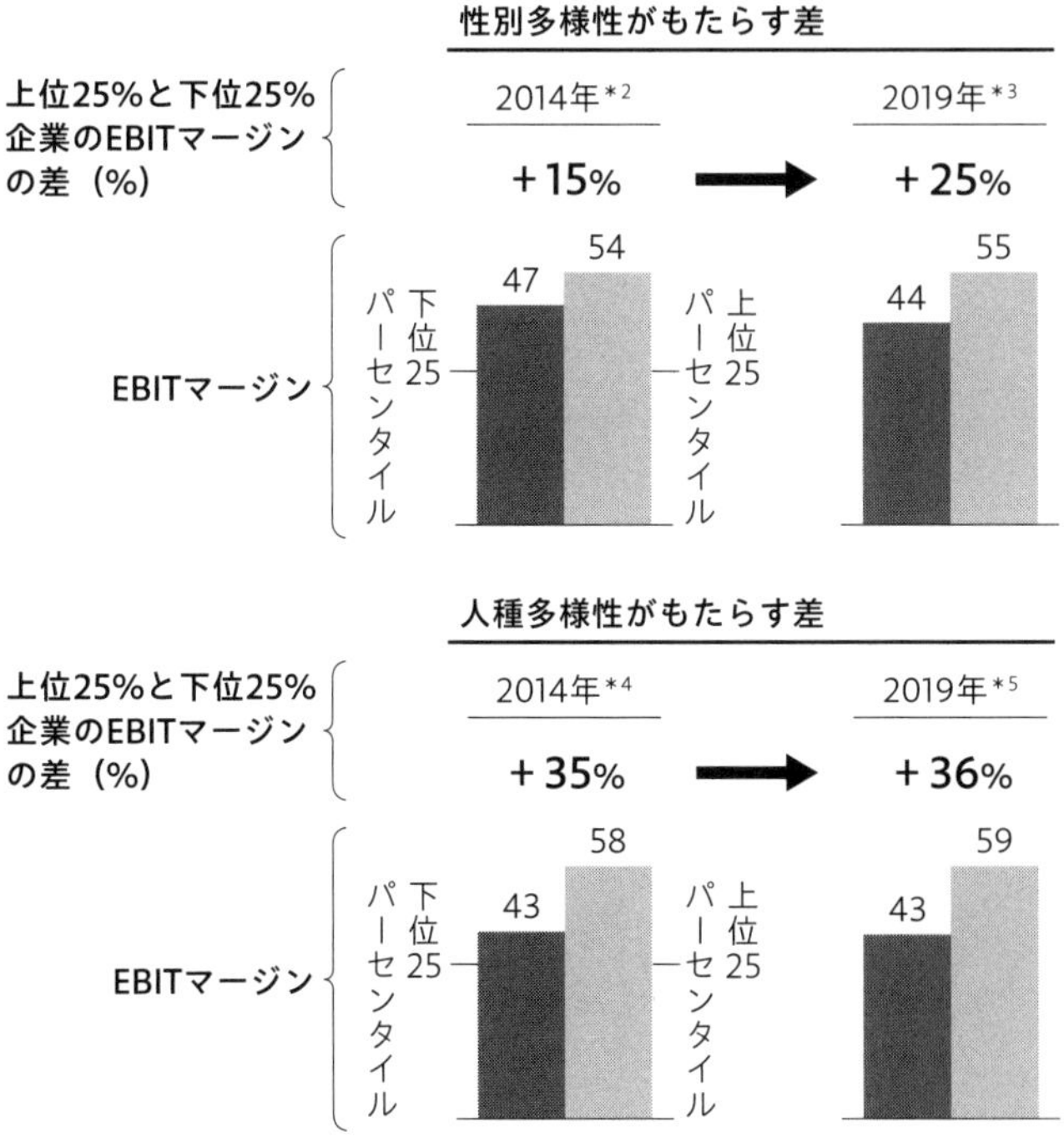


＊1　国の業界別中央値を上回る業績を達成できる可能性。P値0.05未満で計算（2014年のみP値0.1未満で計算）

＊2　n＝383；南米、英国、米国；2010-13年のEBITマージンにもとづく

＊3　n＝1,039；2017年の分析に使用した企業のうち、2019年の性別の多様性データが公表されているものを使用。加えて、デンマーク、ノルウェー、スウェーデン；2014-18年のEBITマージンにもとづく

＊4　n＝364；南米、英国、米国；2010-13年のEBITマージンにもとづく

＊5.　n＝533；2019年の人種の多様性データが公表されているブラジル、メキシコ、ナイジェリア、シンガポール、南アフリカ、英国、米国企業；2014-18年のEBITマージンにもとづく

⑤グローバル企業というブランドイメージが高まり、各地域の事業の拡大に貢献する

この調査結果からもわかるとおり、多様性を心から受け入れ、加速させることが企業の競争力向上に大いに役立つことをあらためて認識し、実際に対策を打つことが求められている。

## (4) 「大きな変化への対応力」だけでなく「先手を打つ力」

前述のように、日本企業は従来、長期的視点にもとづいて戦略策定やR＆D投資を行い、特にエンジニアリングの技術力において優位性を維持してきた。この特質は、不良やミスが許されない領域や、容易に変更できないインフラなどの領域では、現在も有効に機能している。

一方で、長い時間をかけて完成度を求める姿勢は、往々にして組織の意思決定のスピードを遅らせる。つまり、顧客の嗜好や行動の変化を素早く製品開発に反映させることを妨げ、さらには小さな失敗を柔軟に軌道修正することを阻害してしまうのであ

## 図表2-2　成功したアジャイル変革で業績が一段と向上

| | 高度に成功したアジャイル変革によるインパクト | | アジャイル変革に成功しなかった場合のインパクト |
|---|---|---|---|
| 顧客満足度 | 30% | ⟷ | 5～10% |
| パフォーマンス | 30% | ⟷ | 5～10% |
| スピード | 5～10倍 | ⟷ | 2倍 |
| イノベーション推進ランキング | 1位 | ⟷ | （ランク外） |
| 従業員エンゲージメントスコア | 30 | ⟷ | 5～10 |
| 効率性 | 30% | ⟷ | 5～10% |

注）以下の基準を満たしたものを、高度に成功したアジャイル変革と定義している：①全体的なパフォーマンスの向上、その向上を長期的に維持するための組織体制の両面で成功した、または非常に成功した。②その変革の焦点としたすべての事業目標に関するパフォーマンスが向上した。なお、回答者には改善の度合いを1～4のスケール（「改善なし」から「大幅な改善」まで）で評価してもらい、平均スコアが2.5以上（4点満点）であった場合は、高い成果を上げたと定義している

出所）マッキンゼー

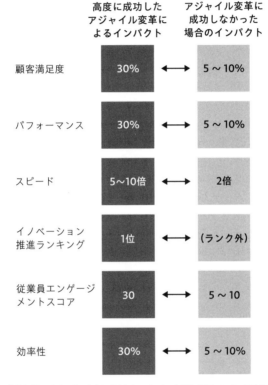

る。

日本の歴史において、時代の転換点の多くは、予期せぬ出来事や天災への対応力から生まれている。やることの意義、危機感が腹落ちした後の一致団結した推進力や実行力には素晴らしいものがある。

しかしこの変化の多い時代、予期せぬ出来事や天災を待つのではなく、自ら変化を先取りして意思決定を行い、その結果や学びを活かして軌道修正を行う経営こそが求められる。

実際にコロナ禍において、意思決定が速く、それに対する従業員からのポジティブなフィードバックを得ている企業が、従業員のロイヤルティや企業競争力を高め、そうでない企業との差をさらに広げる結果となっている（**図表2－2**）。

刻々と変わる環境において、未来を予測して対策を打つことは困難だ。迅速な意思決定から具体的なアクションにつなげ、そこから見えてきたことや学んだことを大局的に活用しなくてはならない。

## (5)「つぶしがきく人材」から「変革を起こせる人材」へ

現在、日本の人材生産性は、主要先進国のなかでも最低水準にある（**図表2－3**）。マッキンゼーは、この「人材生産性」の向上こそが業績向上への急務であると考えている。

業績向上のためには、人件費（分母）を削減するのではなく、人の能力を最大限に引き出し、そこに必要な人材投資を行うことで、付加価値（分子）を増やさなくてはならない。

日本の労働生産性が低い理由はいろいろと考えられるが、構造的要因の一つとして、人材開発に対する投資が国としても企業としても不十分であることが挙げられる。図表2－4にあるとおり、1995年から2014年までの20年間、日本企業の人材開発への投資額は減少傾向を示しており、海外の競合他社と比較しても著しく少なくなっている（注：最終データから時間が経過しているが、減少傾向に大きな変化はないと考えられる）。

現段階での日本企業の問題は、バブル崩壊後の取り組みによる産物ということができる。人材開発にはとても長い時間がかかる。企業として人材開発への大規模な投資

**図表2-3　日本は労働生産性向上による経済成長を実現できる**

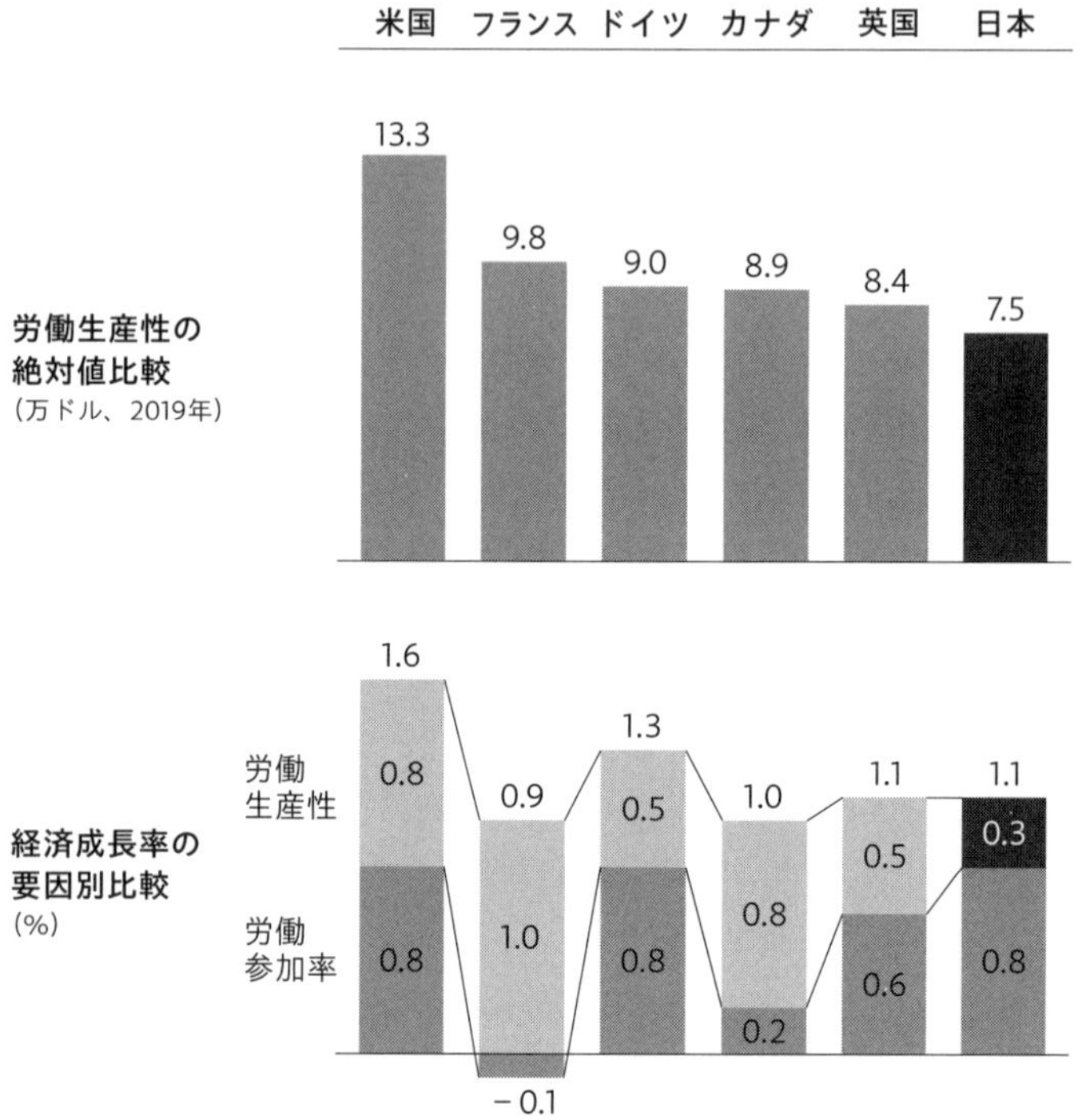


注）1. 労働生産性は、各国のGDP（米国ドルベース）を就業者数で割って算出
　　2. 経済成長率は、2010-19年の人口1人あたりのGDPの平均成長率
出所）内閣官房「新しい資本主義実現会議資料」（2021年11月）

を行い、グローバルな人材開発プログラムを確立して、従業員の新たな技能習得を大規模かつ定期的に支援する体制を整備することが急務である。

これまで長年にわたり、多くの日本企業はゼネラリストの育成に注力してきた。この方向は、明確なビジョンのもとでのチームワークによる円滑な業務遂行、そして相互理解を高めながら高いパフォーマンスを出すことが重要視されていた時代には、最適な手法の一つであったことは否定できない。

また、広範な知識を持つことで社内のさまざまな業務に対する理解を深め、幅広い人脈を築くことができるなど、終身雇用を前提とした企業経営においては、多くのメリットがあったことも事実である。

しかし現在は、個々の専門性が強く求められるだけでなく、グローバルで多様な人材に対するリーダーシップ能力、また、変化を敏感にとらえて業務を建設的かつ批判的に見直す能力、さらには、未知の状況に直面した際に課題を特定し解決する能力、あるいは試行錯誤しながら答えを見つけていく能力など、必要な人材要件が大きく変化している。

加えて、「Human Capital（人的資本）」の言葉に代表されるように、人材獲得、動機

**減少傾向にある**

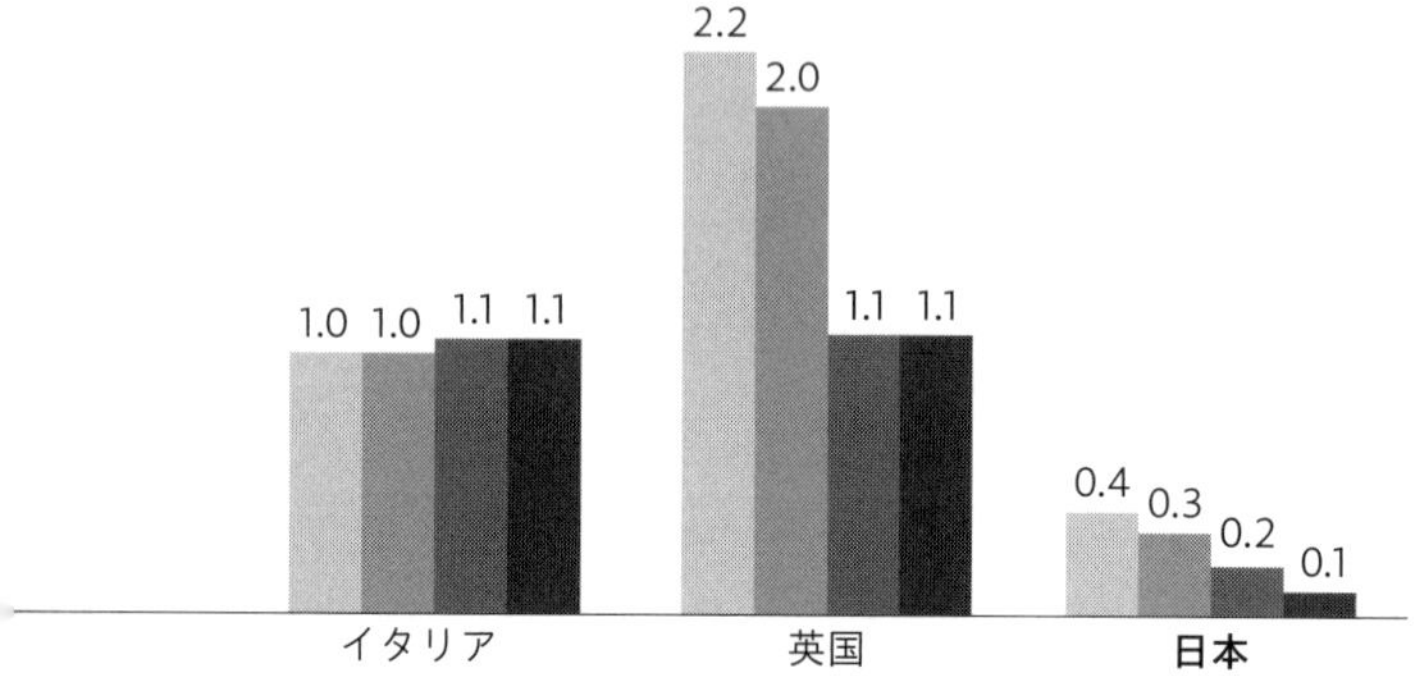


づけ、評価、継続的な成長機会の提供と育成が、今後の企業経営において重要性を増している。

　このように、日本の企業文化をグローバルの視点からあらためて見てみると、従来の日本企業としての強みが、グローバルな事業環境では足かせになっていることは否めない。さらに、これまでの慣習や行動様式、そして、人材への圧倒的な投資不足が、人材の優れたマインドセットや潜在能力を十分に開花させることの妨げとなっているといえないだろうか。これでは企業自体の競争力を高めることはできず、真価を発揮することはできない。

**図表2-4　他国と比較して日本企業の人材投資は著しく少なく、しかも**

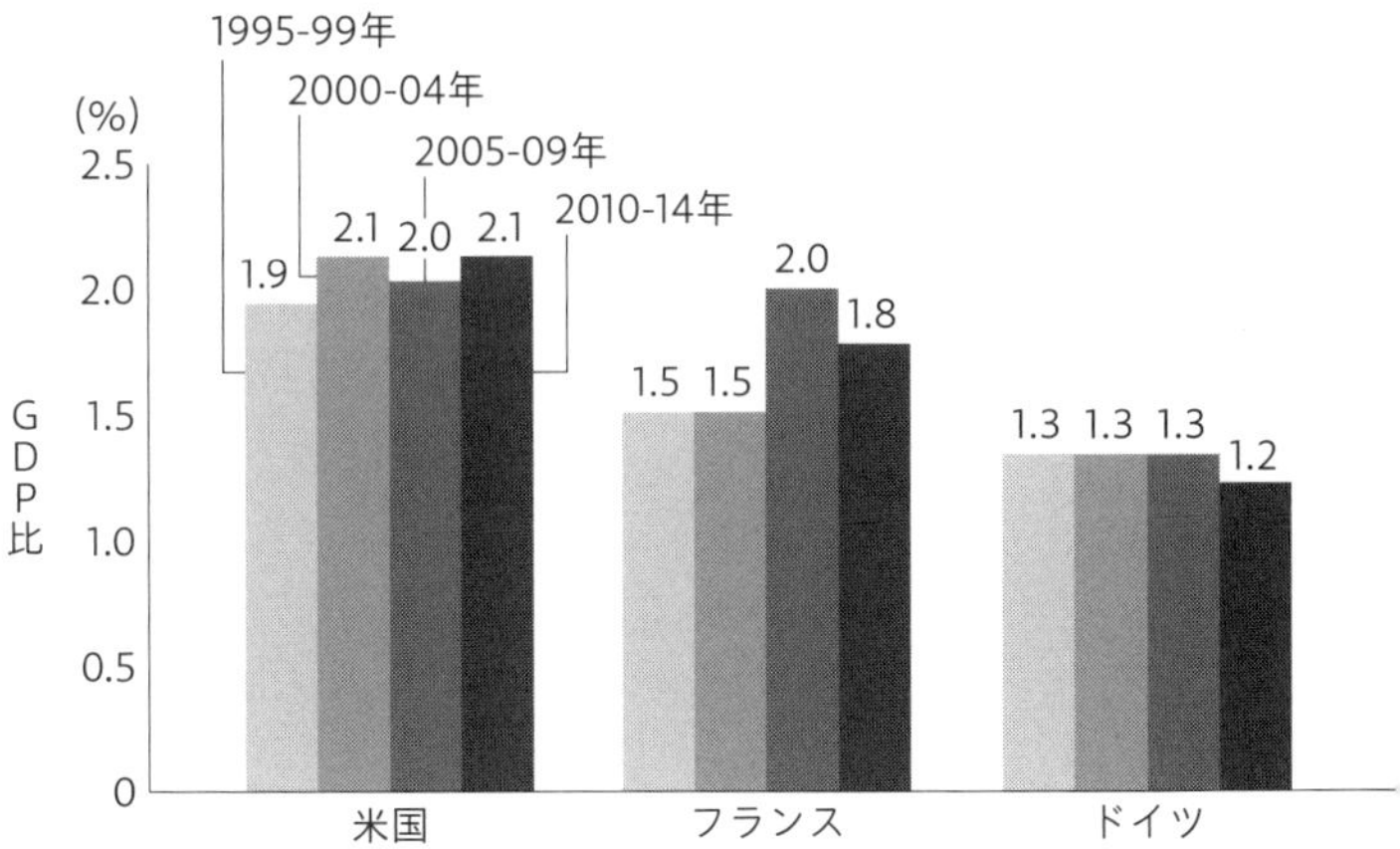


出所）厚生労働省、内閣官房資料

日本発グローバル企業が海外企業との競争で勝利するまでに成長することは、日本の国や社会にとって、多様性に富んで持続的な成長につながるという大きな意義を持つ。日本発のグローバル企業は、謙虚さと自信を持って、自らの特性と可能性を十分に理解しなければならない。それと同時に、成長を妨げる要因を見極め、企業の潜在能力を最大限に発揮するための施策を思い切って打ち出すことが、必ずよい結果につながると信じている。

# 第3章

# 成長実現のための
# ポートフォリオ改革

本章では、グローバル企業としての成長に向けた、企業価値の向上について話をしたい。企業価値とは、会社全体の経済的価値を指す。具体的には、企業が将来にわたって生み出すキャッシュフローの現在価値（将来発生するキャッシュが現時点でどれほどの価値があるかを判断する指標）を指し、企業における将来の収益性や成長性、安定性と、起こり得るリスクなどの要因にもとづいて評価される。企業価値は株価の算定やM&Aなどの際に企業を評価する基準となるため、企業価値の向上は、企業経営において最優先すべきテーマの一つであることは間違いない。

## 1　日本の企業価値の現状

企業価値を評価する方法はいろいろあるが、その有効な指標の一つとなる株価で日本企業の企業価値の現状を見ても、グローバル企業群や海外企業に比べてかなり低いことがわかる。

例えば、世界的なファンドのベンチマークとしてよく利用されている株価指標、MSCIワールド・インデックス（米国のMSCI社が発表する、日本など23の先進国の上位企業を対象にした株価指数）の株価評価では、現在の日本企業は過去の平均値に対して30～40％も割安に評価されている。

つまり、日本企業の企業価値は、いまだグローバル企業と比べて低いランク付けをされており、自社保有の資産やポテンシャルを十分に企業価値向上に結びつけられていないと評価されていることになる。

しかし、この現状も裏を返せば、それらの資産を適切に活用することができれば、日本企業にはまだまだ価値向上につなげられる伸びしろがあるということになる。

## (1) 企業価値を示すエコノミックプロフィットとパワーカーブ

株価のほかにも、企業価値を評価するうえで有効な指標に、エコノミックプロフィット（Economic Profit＝ＥＰ）がある。エコノミックプロフィットとは、企業が1年間に生み出した付加価値の額を示す指標であり、投下資本利益率（ＲＯＩＣ）から加重平均資本コスト（ＷＡＣＣ）を差し引き、それに投下資本を乗じることで算出される。

この値がプラスであれば付加価値を生み出している「価値創造企業」であり、逆にマイナスであれば付加価値を生み出さない「価値破壊企業」であるとみなされる。

**図表3-1　エコノミックプロフィットの概念図①**

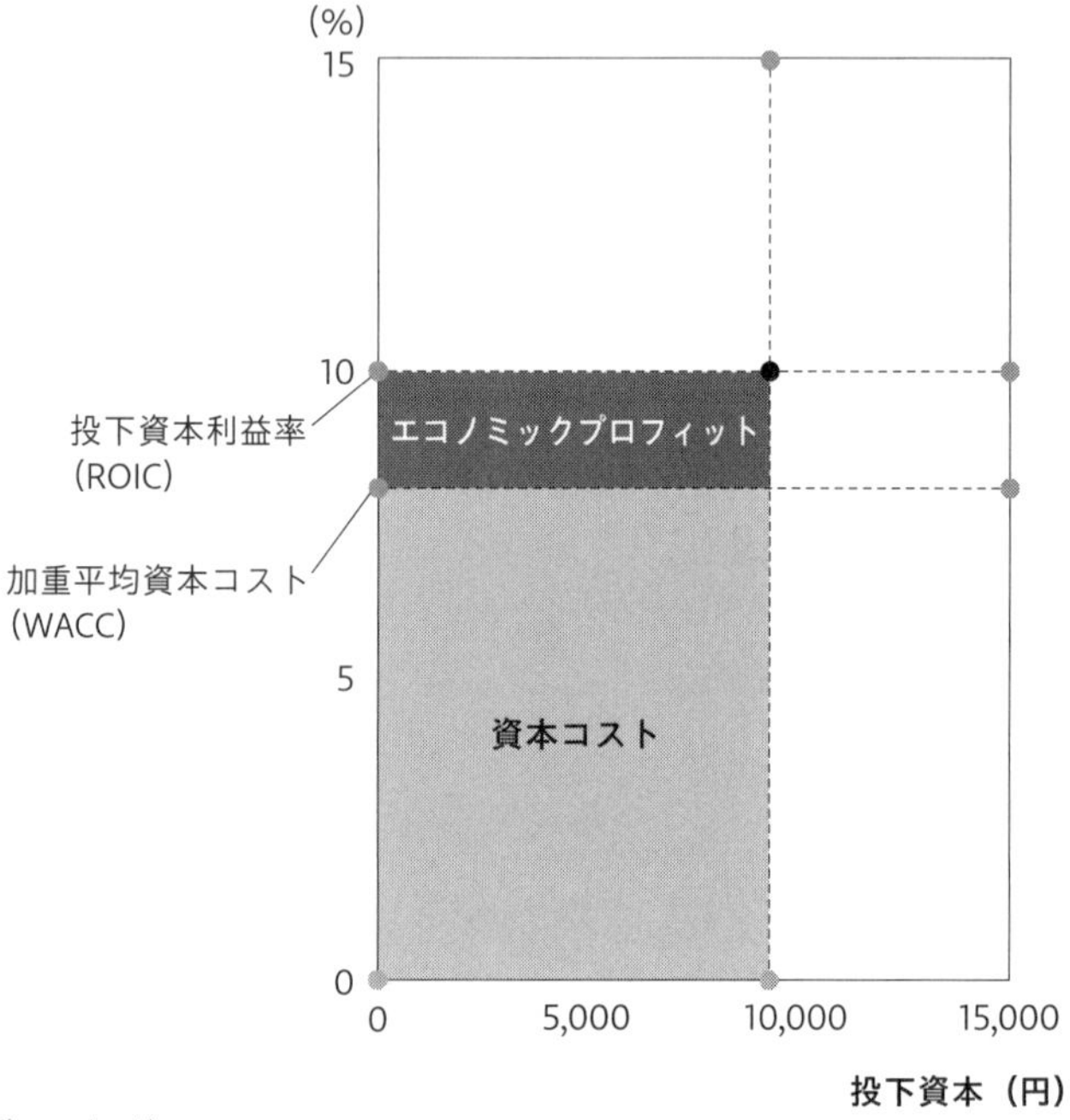


出所）マッキンゼー

## 図表3-2　エコノミックプロフィットの概念図②

エコノミックプロフィットは企業が1年間に生み出した付加価値の額を指す。この値がプラスであれば付加価値を生み出している「価値創造企業」であり、マイナスであれば付加価値を生み出さない「価値破壊企業」であるといえる。例えば、営業黒字であっても資本コストが営業利益を上回る場合、エコノミックプロフィットはマイナスとなり「価値破壊企業」であるといえる

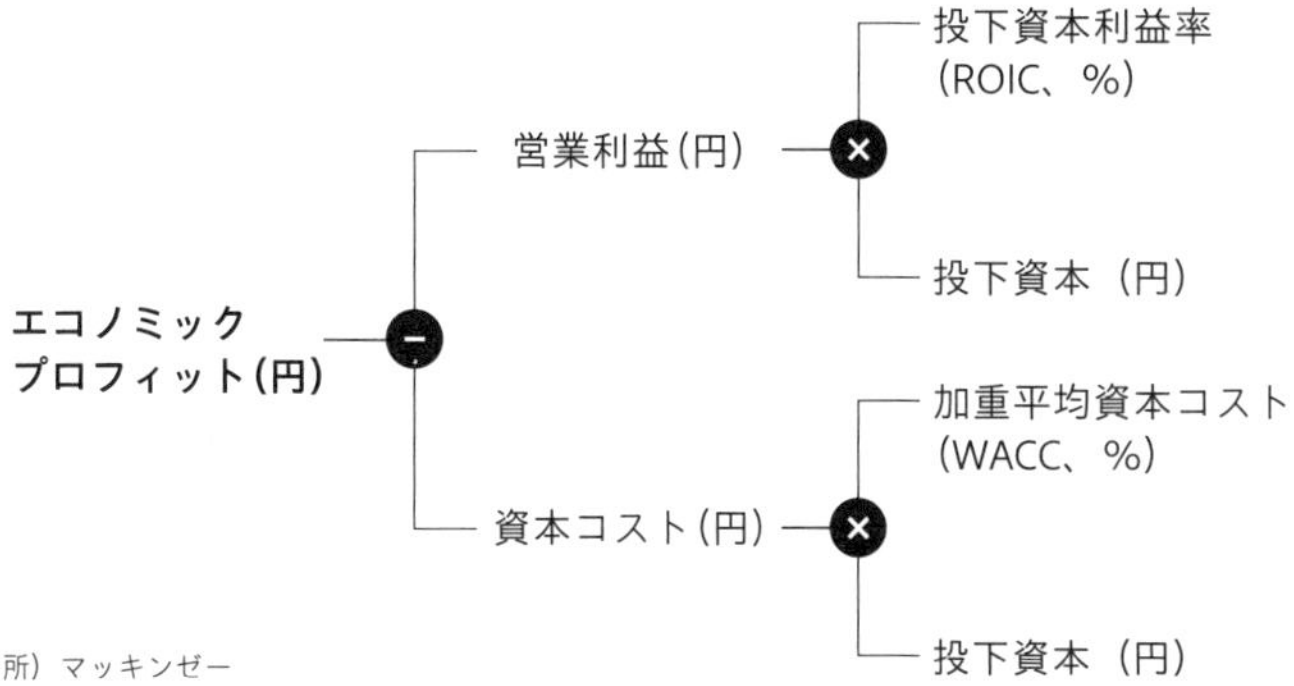


出所）マッキンゼー

## 図表3-3　グローバル企業における平均EP分布（2014-18年）

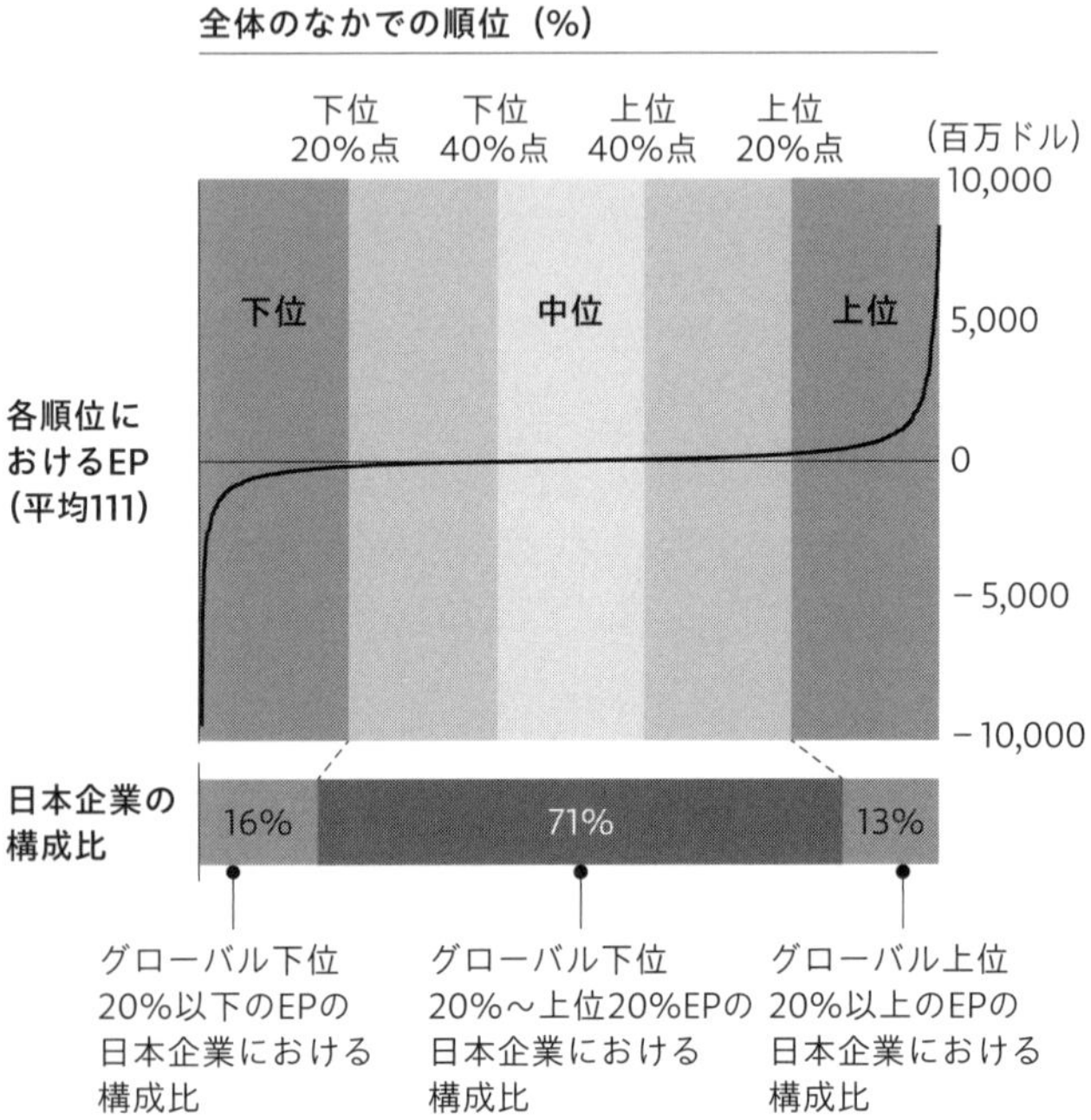


注）n＝2,369。グローバルの大企業のうち、金融機関と不動産企業を除く、分析可能なデータが存在する企業を対象に分析
出所）マッキンゼー、S&P Global

例えば、営業利益が黒字であっても資本コストが営業利益を上回る場合には、エコノミックプロフィットはマイナスとなり、「価値破壊企業」であるということができる（**図表3－2**）。

このエコノミックプロフィットについて世界の売上上位5000社を対象に調査したところ、両端が極端にカーブした曲線状になった（「パワーカーブ」）（**図表3－3**）。

このことは、一握りの大企業がきわめて大きなエコノミックプロフィットを生み出していることを意味する。

# 2　グローバルでの企業価値向上の成功要因

## (1) 企業価値向上に成功した企業に共通する三つの要件

図表3－3で示したパワーカーブで、中位層に位置した企業が10年後に上位20％の順位に移行できた割合は、世界的にもわずか10％にすぎない。そこで、それら10％の

## 図表3-4　上位層に移行するための3つのポイント

| | |
|---|---|
| 企業力 | ①**売上規模：**全企業の上位20%、75億ドル以上の売上規模であること<br>②**債務水準：**負債資本倍率（DEレシオ）が業界の上位40%に入る低い水準にあり、今後の債務増の余地が大きいこと<br>③**過去のR&D投資：**売上高比率でR&D費用水準が業界の上位50%に位置すること |
| トレンド | ④**業界トレンド：**業界全体のエコノミックプロフィットの平均成長率が10年単位で他業界よりも大きく伸びていること<br>⑤**地理トレンド：**GDP成長率で上位40%に位置する地域で事業を行っていること |
| 大胆な施策 | **ポートフォリオ関連：**<br>⑥**プログラマティックM&A：**自社よりもはるかに小規模なM&Aを年に1～2件以上行い、10年間の累積で自社の時価総額の30%以上相当をM&Aで創出していること<br>⑦**経営資源の配分の活発な見直し：**10年間で設備投資の50%以上を新たな成長領域に割り当てること<br>⑧**大規模な設備投資：**売上高に占める設備投資の比率が10年間で業界上位20%に入り、業界中央値の1.7倍を超えていること<br>**パフォーマンス改善関連：**<br>⑨**生産性の継続的向上：**コスト削減や業務の効率化などを通じた生産性の改善率が業界の上位30%以内であること<br>⑩**差別化の促進：**コスト削減や売価の最適化による粗利率の向上が業界の上位30%以内であること |

出所）マッキンゼー

**図表3-5　大胆な複数施策の組み合わせが効果的**
**（施策タイプ別10年間でのパワーカーブ上昇確率）**

| パフォーマンス改善関連の大胆施策 ＼ ポートフォリオ改善 | なし | 設備投資含む | その他の施策を含む |
|---|---|---|---|
| あり | 7% | 17% | 33% |
| なし | 4% | 9% | 16% |

中位の企業が上位に上がる一般的な確率：8%

注）n＝1,435
出所）マッキンゼー

企業が中位層から上位層へと移行できた要因を特定すべく回帰分析を行った結果、これらの企業は、三つの要件において同業企業よりも優れていることが明らかになった。

それは「企業力」「トレンド」「大胆な施策」の三つである（**図表3－4**）。

## (2) 戦略実行の要諦

さらなるコスト・利益改革といったパフォーマンス面とポートフォリオ関連（例：M&A、戦略分野への研究および設備投資の集中、事業売却）の両面において、大胆な施策を組み合わ

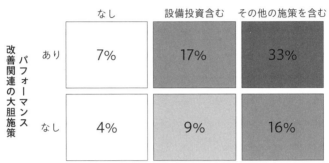

せて実施すれば、大きな成果を手にすることが可能となる。

実際に、単一の施策にとどまらず、こうした多角的な施策の組み合わせを実行した企業は、パワーカーブを上昇させる可能性を最大で約33％まで高めることができる。この数値は、一般平均の８％を大きく上回る期待値となる（図表３－５）。

こうした複数の施策を同時に進めていくためには、根幹となる戦略性や決断力、実行力や実行スピード、といった組織能力を強化する必要がある。

## 3　全社ポートフォリオの最適化

グローバル企業が企業価値向上を目指すうえで、パフォーマンスの改善（売上や利益改善）とポートフォリオの刷新の両面に取り組むことが、価値向上の成功確率を大きく上げることについて説明してきた。ここからは、特に日本企業における全社ポートフォリオの改善・進化の余地について解説していく。

成長を実現し企業価値を上げるためには、現行の事業を継続するだけにとどまらず、事業ポートフォリオの見直しや入れ替えを積極的かつ能動的に行って、事業ポートフォリオの新陳代謝を図っていくことが不可欠となる。

### (1) 日本企業のポートフォリオの改善余地

「選択と集中」という言葉はすでに多くの企業経営者に浸透しているが、一方で日本企業は「祖業を大切にする姿勢」もあって、実質的な「選択と集中」がなかなか進んでいない。したがって、このポートフォリオのテーマは、「古くて新しいテーマ」といえる。

では、「選択と成長」をキーワードとした、全社ポートフォリオの刷新に向けた考え方・取り組みには、どのようなものが考えられるだろうか。まず、複数の事業を営む上場企業の価値創出に関して、マッキンゼーが東京証券取引所に上場している非金融企業を対象に行った分析によれば、1500社のうち約三分の二の企業が、全社レベルで「価値を破壊している」(すなわちエコノミックプロフィットを生み出していない)ことがわかった。

また、マッキンゼーの最新の研究からは、複数の異なる業種・分野にまたがって事業を展開している多角化企業の傾向も明らかになっている。この研究では、多角化企

## 図表3-6　多角化企業における株主リターンの傾向

### 種別、参入業種数および類似性別の超過株主リターンの中央値

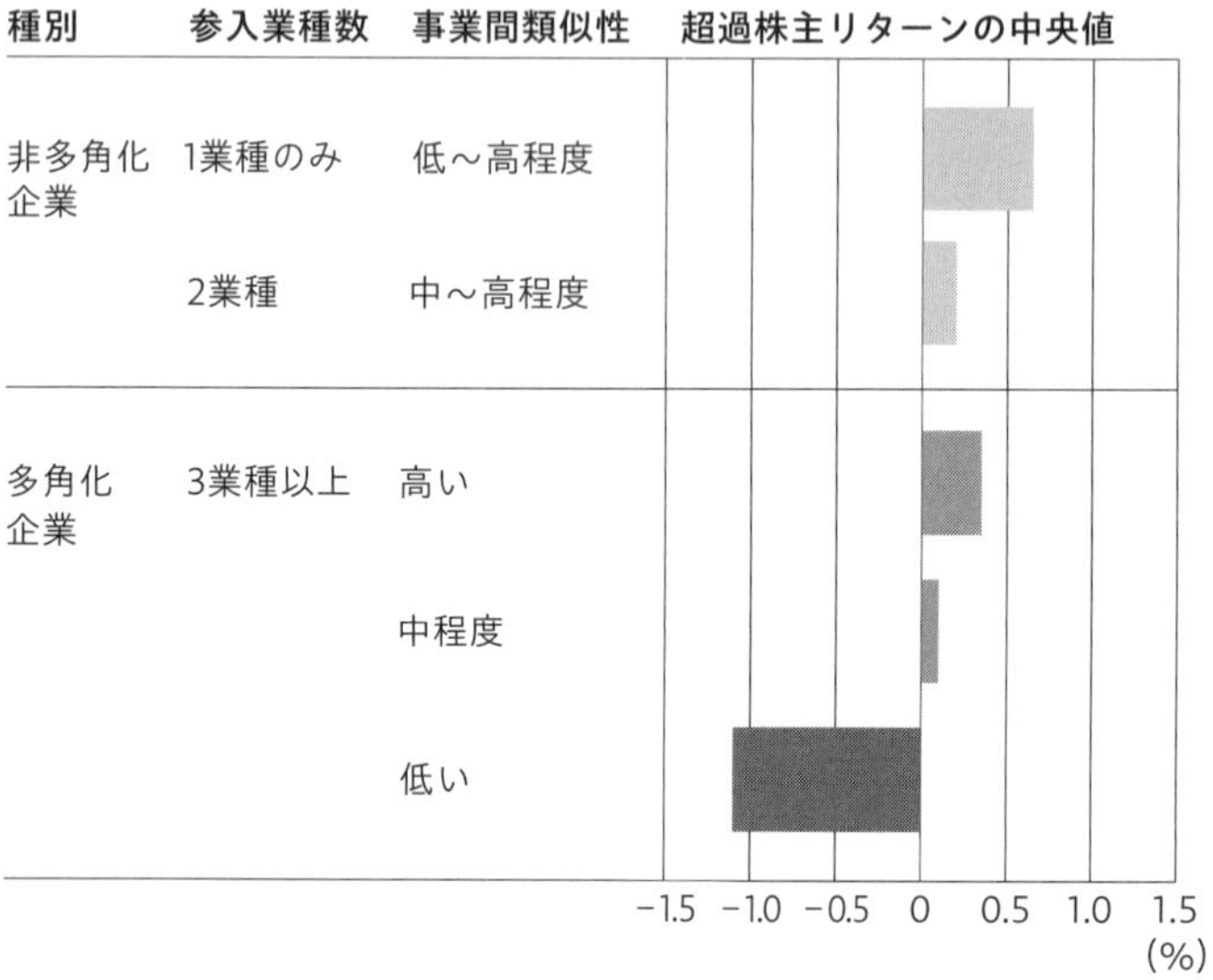


注）1. 業種数は、ポートフォリオに含まれる業種の数で定義される。事業数以外の事業多角度の指標、例えばコア事業外収益比率やHHIを用いても、同様の結果が得られる。類似度スコアは、企業のポートフォリオに含まれる事業が、データセット内の他企業のポートフォリオにおいて一緒に出現している回数にもとづいて計算。類似性が高い＝95～100%のスコア、類似性が中程度＝75～95%のスコア、類似性が低い＝75%以下のスコア、である

2. 超過株主リターンは、当該会社の株主還元率からその業界における株主還元率の中央値を差し引いて計算。中央値は、2003-07年から2013-17年における期間平均（名目米ドル）で計算

出所）マッキンゼー

業のうち、展開している事業の類似性が高い企業は平均して高い株主リターンを上げているのに対して、類似性の低い事業を多く抱える企業は、特にリターンが低い傾向にあることが示唆されている（**図表3－6**）。

## (2) 外的環境変化にも対応した全社ポートフォリオ改革

これらマッキンゼーの研究で、ポートフォリオの更新には適切なサイズとペースがあることが明らかになった。実態として、10年間でポートフォリオの10～30％を動かした企業が、最も高い企業価値を創出している。

研究では、ポートフォリオを企業の売上構成として統計的に調査しており、全体の約23％の企業がこのグループに該当した。一方で約半数の企業は、10％より低いペースでポートフォリオ（売上構成）を動かしており、このグループは株主への価値還元（TRS）は平均してわずかしか増えなかった。また、30％より大きくポートフォリオを動かした企業では、TRSがマイナスとなってしまっている（**図表3－7**）。

これらのことから、自社の事業の売上構成を、より多くの価値を創造できる領域に継続的かつ体系的に刷新していくことが、全社での企業価値向上につながることが明

**図表3-7　ポートフォリオの見直しが株主への価値還元を実現**

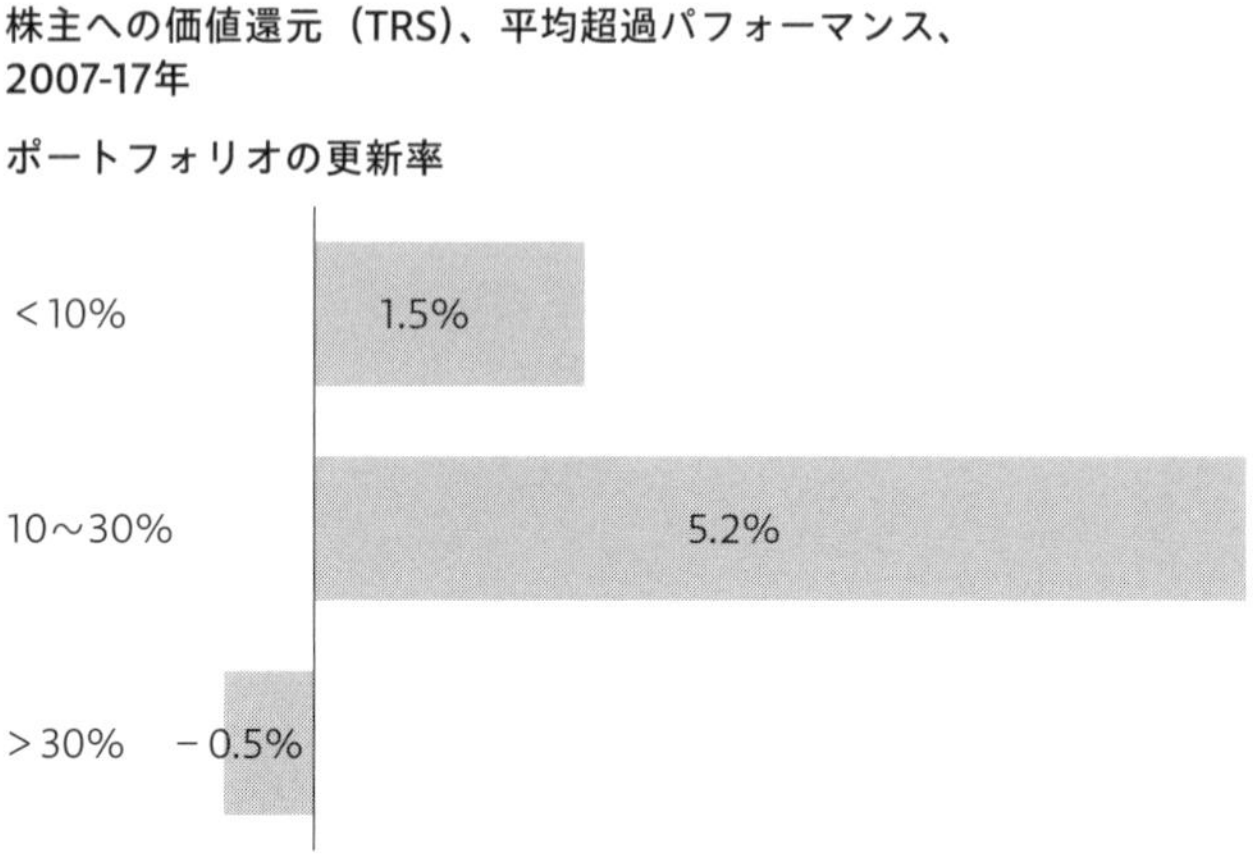


注）n＝209。ポートフォリオの更新率の算出方法：業界別企業の収益シェアの絶対差を計算し、その合計を2で割る
出所）マッキンゼー

らかになった。

つまり、新しい領域に進出するための「伸るか反るか」の大型案件はより大きな不確実性とリスクをはらみ、同時に何もポートフォリオを更新しない不作為経営も、企業価値向上の選択肢にはならないことを示唆する結果が出たということである。

継続的かつ体系的に事業ポートフォリオを更新していく際には、M&Aと自社内での新規事業創成を有効に組み合わせることが重要である。M&Aについては、その領域および形式・頻度によって、成功確率に傾向があることがマッキンゼーの研究により明らかになっている。

M&A、特に成長志向のM&Aでは、既存事業領域におけるM&Aが最も価値創造につながる傾向がある。その反対に、自社の隣接領域でも既存の事業がない場合や、まったくの異業種におけるM&Aは、価値創造の可能性が下がることが多いことも明らかにされている（**図表3―8**）。

このことは、自社がすでに事業を行っている領域を強化する「ボルトオン」のような形態が、最もローリスク・ハイリターンな方向性であることを示している。それとは逆に、自社に馴染みのない領域のM&Aでは、売上を伸ばすことができたとしても、シナジーを生むことや、買収先の事業に対して適切にガバナンスを行い成長させることは各段に難しい、ということである。

より具体的に示せば、M&Aの頻度および規模で成功確率が高いのは、自社の時価総額に比べて小規模な買収を年に1~2回以上のペースで行いながら、累計では自社の時価総額の3割程度以上をM&Aで獲得するという方法である。

マッキンゼーがプログラマティックM&A（体系立ったM&A）と名付けたこの方式は、グローバル企業でも日本企業においても、TRSが最も高く、TRSの標準偏差も最も狭い、ローリスク・ハイリターンなM&Aの方法といえる。

## 図表3-8　中核事業と、既存事業に近い他業種の検討が望ましい

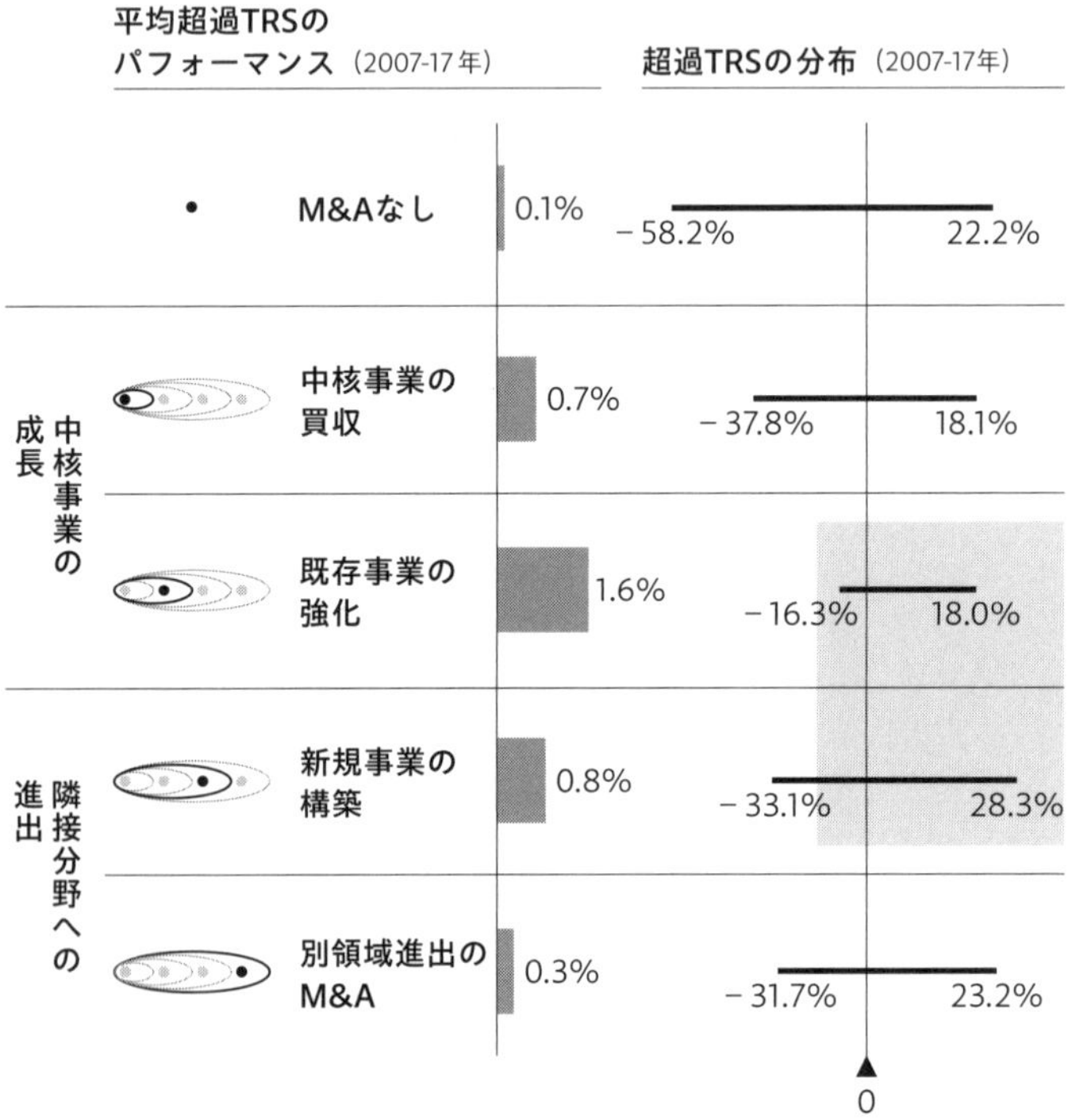


注）n＝902、大規模M&A（自社の時価総額の30%以上を一つの案件で獲得）を行った企業と有意にM&Aを実施していない（累積で時価総額の1.5%未満の獲得）企業を除く
出所）マッキンゼー

M&Aについては多くの日本企業で、減損など失敗の経験がある一方で、専属チームや専門人材の不足などにより、組織知として成功体験を積むに至っていないケースが多い。成功については、プログラマティックM&Aの原則を意識して、成功確率の高い買収戦略を立てることが重要である（**図表3－9**）。

また、買収候補への効果的なアウトリーチやPMI（買収後統合）を意識したデューデリジェンスの推進、さらには価値創造を確実にするPMIおよびガバナンスなど、M&Aをプロジェクトではなく組織能力として育てていく取り組みが肝要である。

同様に、複数の異なる事業を展開する企業では、価値創出のために事業領域やトレンドを十分に把握することが非常に重要である。しかし、なかには、各事業への理解が不十分なために無駄なコストが生じている企業もある。あるいは、理解はしているものの、実際に手をつけるのは難しいと感じている企業も存在する。

例えば、祖業で売上や利益が伸び悩み、その事業での将来的な成長は期待できないと認識していながらも、自分の代で事業売却など重大な意思決定をしてしまってよいものか、と思い悩んでしまうケースなどである。特に、その事業に長年関わっているOB／OGや従業員を思い浮かべると、さらに判断が難しくなるケースもあるだろう。

企業価値創出では、「引き算」による方法としてM&Aと同様に有効なのが事業売

## 図表3-9　グローバルでも日本でも、プログラマティックM&Aのリターンが最も高い

| M&A カテゴリー | 説明 | 主要日系企業における割合 | 日本企業の超過TRS中間値 | グローバル企業の超過TRS中間値 |
|---|---|---|---|---|
| **プログラマティック** | **年に1〜2回以上程度の中小規模の買収**を実施し、それらでの累計で時価総額の一定割合以上を買収で**獲得** | 9% | 2.0 | 2.3 |
| **選択的** | **日和見的な買収**（案件数は非常に少なく、買収によって入手した時価総額も幅広い） | 54% | −1.7 | 0 |
| **有機的** | 目立ったM&Aは見られない**（3年に1回以下）** | 30% | −0.1 | −1.6 |
| **大型案件** | **変革的な大型ディールを少なくとも1件実施**（時価総額の少なくとも30%を占める） | 7% | −2.3 | −0.1 |

注）M&Aカテゴリーごとの超過TRS中間値、%、2013年1月-2022年12月、グローバルのマッキンゼーで調査した企業価値上位企業2,000社から日系企業を抜粋
出所）Capital IQ、マッキンゼー

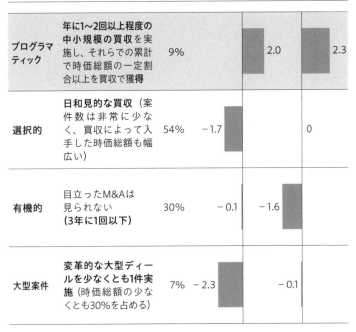

却である。

日本における事業売却は、決して簡単ではない。前述のとおり、長寿企業が多い日本企業において「祖業の縛り」や長年取り組んできた事業に対する思い入れは大変強く、社会的にも事業売却に対して必ずしもポジティブな声だけがあるわけではない。また長寿企業には、投資家には見ることのできない事業間のシナジーなどが存在している場合もあり、こうした事情も踏まえた統合的な視点での高度な、そして勇気ある判断が求められる。

このような組織における強力な「慣性」は、日本企業以外でも存在している。経営陣の心理的なバイアスで、損失回避やアンカリング効果（最初に得た、あるいは持っていた情報のインパクトが強いと、それが後の決定に影響を与えるという効果）があることは周知のことである。

だからこそ、前述のように、継続的で体系的な事業ポートフォリオの刷新や進化は、企業価値を上げていくうえで必須なのである。こうした事業売却に関連し、日本特異の慣習や課題を建設的に乗り越えていくために、経営陣の考え方や組織内での事業売却に関する動き方を、今後変えていく必要がある。

では、「保有ありき」から脱却するためには、どのような考え方が必要なのだろうか。

われわれマッキンゼーの経験では、「自社事業を売却すべきか」と考えるよりも、「自社が本当に保有すべきなのか、その事業で働く従業員やステークホルダーに対して、自分たちは最も適したオーナーであると胸を張って言えるのか」と考えるほうが、客観的な議論や検討を促すことにつながる。

日本企業の経営者や経営陣は、概して自分たちのメリットではなく従業員やステークホルダーへの影響を第一に考える傾向が強い。これは素晴らしいことである。「この事業に従事する人の将来のやりがいや成長や幸せを増やすために、私たちができること／できないこと、潜在的に他社ができ得ることは何だろうか」といった議論を主体的に進めていくことが、本質的な意味で、従業員や他のステークホルダーの利益を優先することにつながると考える。

あるエネルギー系企業の経営企画部門は、毎年自社のアセットの3～5％を売却候補として挙げることが義務づけられている。別のフォーチュン100企業では、各事業ユニット長は、常に自身の管轄下の事業から3事業を売却対象として挙げておかなければならないとしている。

こうして組織全体が、売却を考える一方で、残る事業をどうしたらより大きく成長させられるのかということを、常に意識して事業運営に取り組んでいる。

このように、全社ポートフォリオの継続的で体系的な刷新を進めていくうえで、成長領域における買収や投資強化の機会を定期的に実践すること、また、自分たちが現事業の最適なオーナーであるかどうかの議論を定例で進めること、さらには、従事する従業員やステークホルダーの中長期的な利益を実現し、同時に企業全体として成長や企業価値向上を実現するための「引き算」の検討も常に進めていくことが、経営における大事な両輪といえる。

つまり、この両輪こそが「選択と成長」であり、成長への意欲と具体的な戦略やアクションの実行スピードを高めることにつながるのである。

## (3) 企業価値向上に成功した日本企業の例――日立製作所

### 重点分野に注力することで企業価値を向上

企業価値を向上させた日本企業とは、どのような企業だろうか。成功した企業では、これまで述べてきたような戦略的な「足し算」と「引き算」を実行している。その一例として、日立製作所の取り組みを紹介する。

同社は、事業の選択と集中により2016年以降、近年までに株価を約2倍にまで

## 図表3-10　日立製作所の選択と集中による株価推移

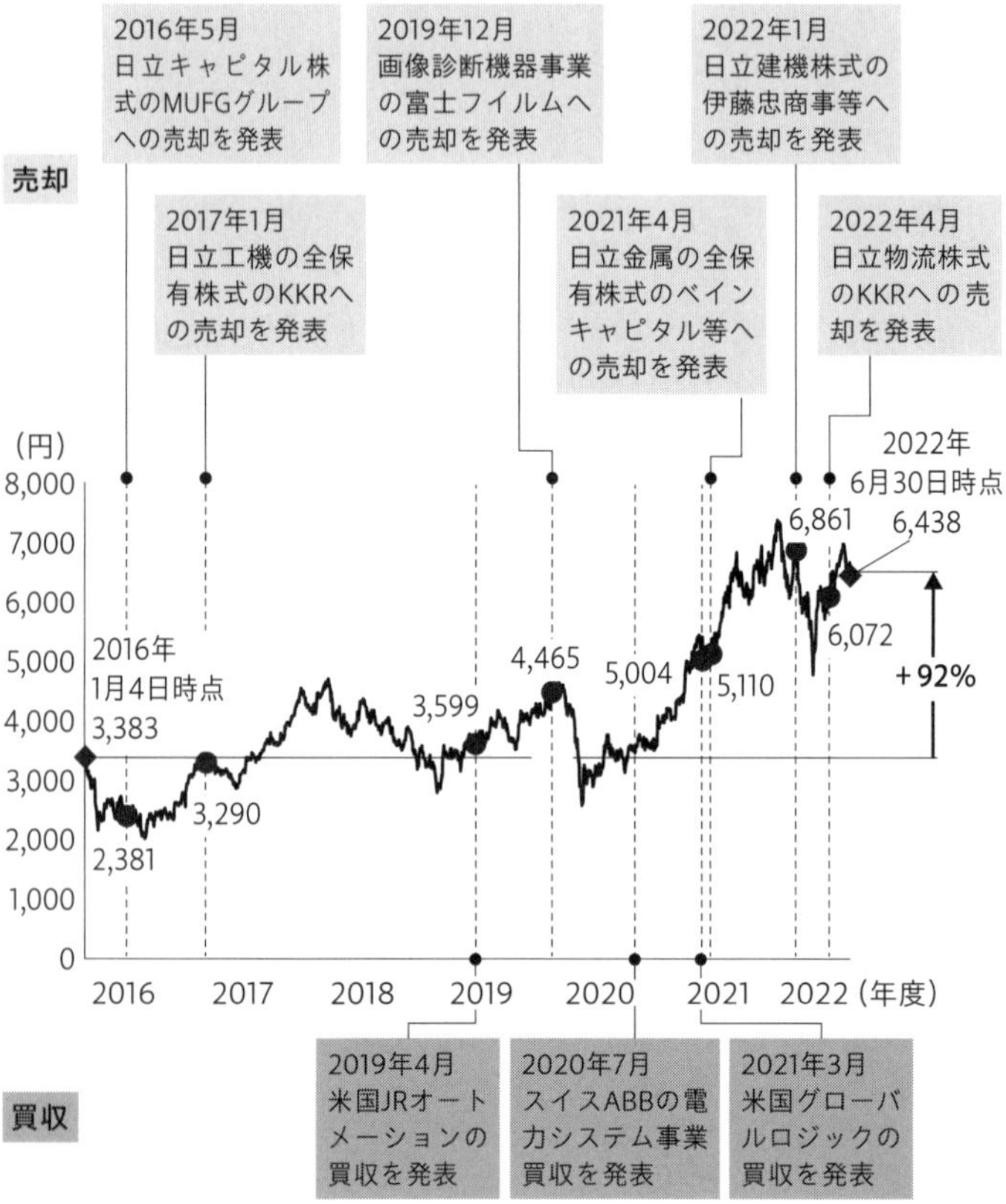

売却
2016年5月 日立キャピタル株式のMUFGグループへの売却を発表
2017年1月 日立工機の全保有株式のKKRへの売却を発表
2019年12月 画像診断機器事業の富士フイルムへの売却を発表
2021年4月 日立金属の全保有株式のベインキャピタル等への売却を発表
2022年1月 日立建機株式の伊藤忠商事等への売却を発表
2022年4月 日立物流株式のKKRへの売却を発表
(円)
8,000
7,000
6,000
5,000
4,000
3,000
2,000
1,000
0
2016年 1月4日時点 3,383
2,381
3,290
3,599
4,465
5,004
5,110
6,861
6,072
2022年 6月30日時点 6,438
+92%
2016
2017
2018
2019
2020
2021
2022 (年度)
買収
2019年4月 米国JRオートメーションの買収を発表
2020年7月 スイスABBの電力システム事業買収を発表
2021年3月 米国グローバルロジックの買収を発表

注）株価終値
出所）SPEEDA

伸ばしてきた。その背景として、過去に種々の事業を展開していた日立は、2010年代に入ってからは事業の絞り込みを進め、重点分野に注力する戦略を採用したことが挙げられる。

具体的には、情報通信システム事業や鉄道システム事業など、日立が従来得意としてきた分野に注力することで、業績を改善させ、株価も倍増させたのである。

また、M&Aによる事業の統合や再編成を実施し、より効率的な経営を実現したことも株価上昇につながったと考えられる（**図表3―10**）。

さらに同社は2010年以降、「製品・システム事業」「国内中心」の方針から、「社会イノベーション事業」「グローバル展開」へと経営戦略を大きく転換し、その戦略に連動した「人財」戦略を実施して、グローバル共通の人財マネジメント基盤を構築している。

### しがらみにとらわれない人財の積極的登用

日立製作所の人財戦略の一つに、社外取締役の活用がある。具体的には、グローバル事業の拡大やガバナンスの強化に取り組むため、国際的でさまざまな分野に豊富な経験や知見を持った社外取締役を積極的に起用することである。

2022年6月時点では、取締役12人の過半数を占める9人が社外取締役で、またそのうちの5人は外国人という構成になっている。2012年より社外取締役に外国人を招聘するようになり、これまでに米国3M元会長のジョージ・バックリー氏や、英国アングロ・アメリカン社元CEOのシンシア・キャロル氏など、卓越した経歴を持つ人財を抜擢してきている。

これらの社外取締役会メンバーは、多様性と客観的な示唆によって、経営者と経営チームの視座を引き上げ、世界的な競争力強化に貢献してきた。

多様なバックグラウンドを持つ人財の登用は、グローバル展開に向けた事業モデルの刷新に役立っており、新たな市場やビジネスチャンスの発掘に大いに貢献している。日立では、多くの事業ユニットのトップであるCEOに外国人を登用しており、2022年10月時点では、鉄道、自動車（日立Astemo）、パワーグリッド事業のトップを外国籍の人財が務めている。

こうした人財配置は、同社のグローバルでの経営モデル刷新に対する強いコミットメントの表れと、とらえることができる。

グローバル市場での競争力強化に向けての多様な人財活用からは、従来の日本的な人財育成・配置の制約からの脱却を図り、単なる地理的なグローバル展開にとどまらない、ソフトウェアやサービスなどを含めた、より高度な事業モデルを追求するという同社の意図が見て取れる。

このアプローチは、グローバルでの地位獲得を目指す企業にとって、選択すべき有効な手段の一つであるといえる。

組織のしがらみにとらわれない人財を積極的に登用することで、収益性の低い既存事業からの脱却も進めやすくなる、という効果も得られる。

日立製作所はこれまで、社会のトレンドに合わせて既存の事業モデルから脱却すべく、半導体、ハードディスク、中小型液晶パネル、ファイナンス、建機、物流など、多くの象徴的な従来型事業からの撤退や株式の売却を進めてきた。

また同社は、コングロマリットから脱却し、社会イノベーション企業になるというビジョンのもと、社会価値創出に向けた新たな事業モデルの構築に取り組んでいる。その一環として、ビジョンに合わない事業や収益性が低い事業は、グループのコアから外すという大胆な決断も遂行している。

この再編は、早くからグループ内で独立して「御三家」と呼ばれていた日立化成（2020年に昭和電工マテリアルズに売却）、日立金属（2021年ベインキャピタル等に売却）、日立電線（2013年に日立金属と合併）の3社も対象としており、この「御三家」すべてとの決別は、同社の長い歴史における大きな転換点になったといえる。

## グローバルロジック事業の買収に見る新たなコア事業の深化

日立製作所は、2050年の自社のあるべき姿を想定したうえで、事業戦略や中期経営計画を策定している。そのため、これまでの再編は、今後の戦略との整合性や企業成長への貢献度などを考慮し、慎重に実施されてきた。

また、レガシー事業の売却だけでなく、新たなコア事業の深化のために積極的なM&Aも行ってきている。なかでも、世界各地に2万1000人（2021年7月時点）のデータエンジニアリングエキスパートを擁する米グローバルロジック（GlobalLogic）社を、約9180億円（当時）で買収したことは、特筆すべき事例である。グローバルロジック社は、世界中の企業にデジタル製品やソリューションの開発を提供するデジタルエンジニアリングサービスのリーディングカンパニーである。

日立製作所がグローバルロジック社を買収した目的は、同社のグローバルな顧客網、アジャイル型開発力（システムやソフトウェアの開発手法の一つ。小さな単位で計画から設計、開発、検証までの工程を繰り返す手法。変更への対応力、短納期、顧客ニーズを満たしやすい、などに利点）、デジタル人財の強固なリクルーティング力を手に入れることによって、自社のグローバルな競争力を強化し、デジタル分野におけるビジネス展開を加速させることにある。

これらグローバルな顧客網、新たな開発力、デジタル人財の強固なリクルーティング力を手に入れたことで、日立製作所に以下のような可能性が広がった。

●**グローバルな顧客網**　日立のIT部門は、国内の金融機関や官公庁が主な顧客で、海外売上高比率は3割にとどまっている。その点、グローバルロジック社は欧米を中心にグローバルな顧客を400社抱えており、日立はこの顧客網を利用してグローバルでのビジネス拡大を目指すことが可能となる

●**アジャイル型開発力**　日立は、長年にわたりウォーターフォール型開発（開発手順を一つずつ確認しながら工程を進めていく手法）により質の高い製品を開発してきたが、現在すでに主流になりつつあるアジャイル型開発では後れを取っていた。グローバルロジック社はアジャイル型開発の最先端をいく企業であり、これを手に入れたことで、日立はより迅速な製品やサービスの開発が可能となる

●**デジタル人材の強固なリクルーティング力**　デジタル、特にアジャイル型開発には、デジタルの知見を持つ人財の確保が不可欠である。グローバルロジック

社の強固なリクルーティング力により、優秀な人財を取り込むことが可能となる

これにより日立製作所は、デジタル人財を2022年春には6万7000人から3年間で9万8000人に増やす目標を発表した。

今後は、優秀なデジタル人財を獲得できるか否かが、デジタル事業拡大の鍵となると考えられる。日立は、M&Aを通じて得たグローバルロジック社が持つ三つの要素を活用して事業モデルを変革しようとしており、この戦略によって、長期的に企業価値の向上が見込める領域に事業の軸足を移していこうとする意図が明確に感じられる。

一方で、日立製作所がこれまで行ってきた大胆な事業売却は、これらのM&Aや変革に必要な資金を調達する手段としても、重要な役割を果たしている。一連の事業売却が可能となったのは、同社の各事業が売却先企業やファンドから高い評価を受けていたからこそである。

事業の今後の価値やキャッシュ創出のポテンシャルが高いうちに「ライトオーナー（その事業の価値を最大化できる最適な保有者）」に売却することで、機会損失や売却価格の下落による企業価値の損失を防ぐことができる。また、従業員の士気を維持するため

にも、事業の成長や将来性に着目し積極的に投資してくれるオーナーのもとに移すことは賢明な策といえる。

事業売却は本来、会社、株主、従業員それぞれが最大限満足できる絶好のタイミングで行うべき、という難度の高いものであるが、日立製作所は機動的かつ大胆な意思決定でそれを実現した。この一連の取り組みが株式市場から好意的に評価された結果が、先述の企業価値の向上につながったのである。

## (4) グローバル企業は全社ポートフォリオ改革を加速

2021年に世界中のCFO（350人）を対象としてマッキンゼーが実施したリソース配分に関する調査によると、59%のCFOが「柔軟なリソースの再配分が重要なテーマである」とし、61%が「特に危機下においては緊急時の計画と予算編成が最も重要である」としている。経営資源の配分は、現代のビジネスリーダーにとって重要な課題の一つなのである。

また別の調査では、1000人以上のビジネスリーダーが、5年後には自社の売上高の50%が、新しい製品やサービス、事業からもたらされるようになると予測している。このような先見性を持った経営者の多くが、経営資源を高収益領域へと転換し、過去の予算配分の慢性から脱却することで成果を上げている。

さらに、グローバル企業のCXOは、M&Aの活用に積極的である。パワーカーブ上位20％の企業のうち、日本企業以外では4分の1がプログラマティックM&A（買収先企業の時価総額の30％を超えない範囲で毎年1～2件以上のM&Aを継続的に実施）を実践しているのに対して、日本企業ではわずか1割にすぎない。

気候変動や軍事的な緊張の高まりなど、先行き不透明で急速に変化を遂げる現代社会において、将来を予測するのは難しい。しかし、そのような状況においても長期的なトレンドは確実に存在しており、グローバル企業の多くが、そのトレンドに合わせて経営資源の配分を検討している。

例えば、ある欧州系大手自動車メーカーは、企業戦略として、電気自動車（BEV）の販売シェアを約6％（2021年）から2030年までに約50％にまで引き上げる計画を策定した。同社は、この戦略を実現するために、2020年から24年にかけて自社の研究開発（R&D）資金の40％、2021年から25年にかけては設備投資資金の50％を、BEVやソフトウェアの開発に投じることを表明した。

これはまさに、従来の主要事業からシフトし新たな成長事業に注力するために、大胆な経営資源配分を行った好例といえる。

先にも述べたが、戦略を実行し価値を創出することでエコノミックプロフィットを向上させ、パワーカーブの中位層から上位層に移行することができた企業は、10年間で1割にも満たない。さらに、上位層に移行できた企業を事業単位で見ても、移行できたのは1割程度であった。つまり、10ある事業のうち、最良のポテンシャルを持つ事業に注力することが最も重要であり、そこに経営資源を集中的に配分することが鍵になるのである。

## 4 大胆な経営資源配分を実現する

経営資源というと、一般的には設備投資、研究開発費、ESG（環境、社会、ガバナンスへの取り組み方を示す指標。企業の長期的成長のための評価となる）に関わるコスト・投資、セールス・マーケティング費用など、財務的なものが連想されがちである。

しかし、事業価値を向上させるためには、人的資本や経営陣の関与の度合い、知的財産なども、広い意味で経営資源ととらえるべきである。これらは社内の限りある経営資源であり、配分方法を戦略的に考える必要がある。

また、これらの配分については、財務ＫＰＩ（目標達成のための重要な業績評価指標。例えばＲＯＩＣやＥＳＧコスト）だけでなく、非財務ＫＰＩを踏まえ、将来の事業価値につながる成長と収益性、リスク評価にもとづいて実施することが重要となる。

日立製作所の例は、①業界トレンドを踏まえ、高い成長率が見込めるセクターにＭ＆Ａを活用しつつ活発に経営資源を再配分していること、②売却した事業のなかには、売却先にパフォーマンス改善に取り組み、企業価値を高めたうえで売却を実現したケースもあること、③Ｍ＆Ａにしても事業売却にしても、当該企業の従業員を含めた全体としての士気・自信を高めるかたちで進めたことなど、グローバルでの企業価値向上を実現した企業の成功例として、日本企業は多くを参考にすべきといえる。

## (1) 経営資源配分最適化に向けた三つのステップ

では、日本企業が経営資源の配分を最適化する際に踏襲すべき、三つのステップを紹介する。

## ①正しい数値目標設定と説明責任を果たす企業文化の確立

企業が価値創造の原則にもとづいて実態を見える化し、それにもとづいて業績の絶え間ない向上を目指した経営を実践する。そして、成果を出すことにこだわることを「パフォーマンス・カルチャー」という。

経営資源配分の最適化に際しては、この成果へのこだわりの徹底と、業績の見える化にもとづく説明責任（アカウンタビリティ）の実践を、企業として高いレベルで定着させることが大前提となる。

また、リーダー自らがパフォーマンス・カルチャーを理解し、それを社員に伝え、ともに行動することも重要である。良好な業績を上げている企業では、ＣＦＯ自らが客観的に経営課題に対する改革の必要性を唱える「社内アクティビスト」の役割を担い、従業員を刺激することによってパフォーマンス・カルチャーを促進しているケースも見られる。

成果にこだわるパフォーマンス・カルチャーを促進するためには、各事業体の現在の業績や成果など、現状のパフォーマンスをより正確かつタイムリーに把握することが必須条件となる。そして各事業体がそうした経営上のデータを活用して、戦略とオペレーションの両面から業績向上に向けたアクションを日々実行し、検証し、結果に関して説明責任を担保することが重要となる。

多くの日本企業では、施策の具体性が低いために、重要な戦略的施策の実行が停滞していることを、現場の責任者が見逃してしまうケースなどが散見される。また逆に、分析が細かすぎることによって、経営幹部に伝えられる情報が過多となり、結果的に意思決定が適切に行われずに遅れが生じる場合もある。

ちなみに、「適切な粒度」の目安としては、企業の規模にもよるが、一般的には全社をおよそ20~50の事業単位に分けることが多い。

このような適切な粒度でデータを整備し、経営ダッシュボードを作成、それにもとづいて経営資源を配分するプロセスを整備することが非常に重要となるとともに、社内での業績管理向上に向けた理解を深めることも必要不可欠な要件である。

特に日本企業では、各部署が財務データや事業価値拡大に向けて直接関連するデータを持っているにもかかわらず、それらが共用の資産として全社的に蓄積されていないところも多い。日本企業にとって、経営資源の配分を大胆に行う前に、まずこれらの問題を整理し、より明確な説明責任にもとづいたパフォーマンス・カルチャーを強化することが、喫緊の課題となるだろう。

また、自社の企業価値向上施策を幅広くとらえることも重要である。企業の長期的な成長を実現するためには、売上の成長度や利益・損失だけでなく、運転資本の最適化などのバランスシートの改善にも目を向けることが必須である。

さらに今後は、ＥＳＧへの対処として、環境や社会への影響も考慮し、$CO_2$の排出量などの指標を積極的に取り入れる必要がある。

### ②長期戦略の策定から経営資源配分へブレークダウン

こうして説明責任とパフォーマンス・カルチャーが強化された後に、今度はそれを基盤に、経営資源の効果的な再配分のために、現在のみならず将来のビジネスモデルに影響を与える新たな要素（例えば、ＥＳＧ炭素税の管理会計の導入など）や、企業の長期方向性・戦略を明確にしていく必要がある。

日本の場合、企業によっては長期目線での全社戦略に不備がある例がある。その背景として、往々にして「中期経営計画」が「全社戦略」として位置づけられていることが挙げられる。

日本では、中期経営計画は、もともとは金融機関向け、近年では投資家向けに策定され、企業の将来のキャッシュフローや成長性を判断するための材料として使用されている。そのため、日本企業では中期経営計画の策定に多くのリソースが割かれており、結果として、その成果物である中期経営計画資料が全社戦略として位置づけられてしまうことが多い。

一方、欧米企業では、中期経営計画が策定されることは少なく、策定されても重要な位置づけにはされていない。欧米の企業においては、マクロの外部環境の変化や自社の目標を考慮したうえでの、より長期的なスパンで経営の指針となる戦略を策定している。そのため中短期的な投資配分は、単に長期的な戦略に沿って逆算的に自然に導かれるものにすぎず、また当然ながら、これらの長期的戦略のうち競争上センシティブな情報は公表しておらず、外部への公表を前提とした日本の中期経営計画とは位置づけが大きく異なっている。

日本企業の約70%が中期経営計画を策定・公表しているが、それらの企業の約80%が目標を達成できていないというデータも存在する。目標が達成できなかった理由には、外部環境の変化が挙げられることが多く、そのためか責任の所在が不明確なことも多い。

つまり、日本の中期経営計画は、公表されることを前提とした、あくまで経営の方針を示すものであり、戦略を代替するものではないということを意味している。

同様に、中期経営計画の問題点の一つとして、時間軸も挙げられる。3年スパンの計画では、策定から実行に移行するまでに1〜2年程度はかかるため、外的要因の変化に迅速に対応することができない。したがって、まずは長期的な戦略を策定し、中短期的な投資配分は長期戦略からの逆算で決定し、取締役会を巻き込んで迅速に（アジリティを持って）検討することが重要である。

中期経営計画自体は必要なものであるが、それイコール「戦略」ととらえることは適切ではない。

## 意識的にバイアスを排除する仕組みの導入

さらにいえば、たとえ中長期での明確な戦略的視点を持つことができたとしても、意思決定には常にバイアス（偏見）が入り込む可能性があることも考えておかねばならない。特に日本企業では、CEOや経営チームが現在の会社で長年働いていることが多いため、組織の変遷や自身の愛着にもとづくバイアスに意思決定が影響されやすい。

意思決定バイアスには、ほかにも、集団思考、確証バイアス、アンカリング（最初に得た情報に意思決定が左右されること）、損失回避などがある。

また、リーダーや上位職者の意見への過度な尊重や、データよりも感情的なストーリーや想いを重視する傾向、専門知識の有無よりも社内的ポジションの重視、同質的な考え方を加速させるような多様性に欠けたチーム編成、さらには、過去の予算や業績の方向性を維持しようとする考え方なども、バイアス行動の例となる。そのため、意識的にバイアスを排除する仕組みを導入することが必要となる。

バイアスを最小化するためには、意思決定プロセスにいくつかの工夫を取り入れることが有効である。例えば、組織横断のトップチームによる決断や振り返りを慣習化させること、また、反対意見を含む多様な意見を尊重すること、さらには透明性の高い判断基準を設定すること、などである。

すべての意見が出揃うまでリーダーは意見を保留したり、無記名投票を実施したりすることも有効である。これにより、個々の意見や新しい考え方、または既存のやり方への建設的な反対意見の主張が難しい状況下でも、メンバーは自分の意見を自由に表明することができるようになる。

加えて、社外ないし業界外からの意見を積極的に取り入れることも有効である。例えば、日立製作所のように、実績のある経営者を社外取締役として招き入れる方法である。こうした社外取締役からの多様な考え方や建設的なチャレンジは、大きな価値を生むものである。

**図表3-11　オリンパスにおける企業価値向上の軌跡**

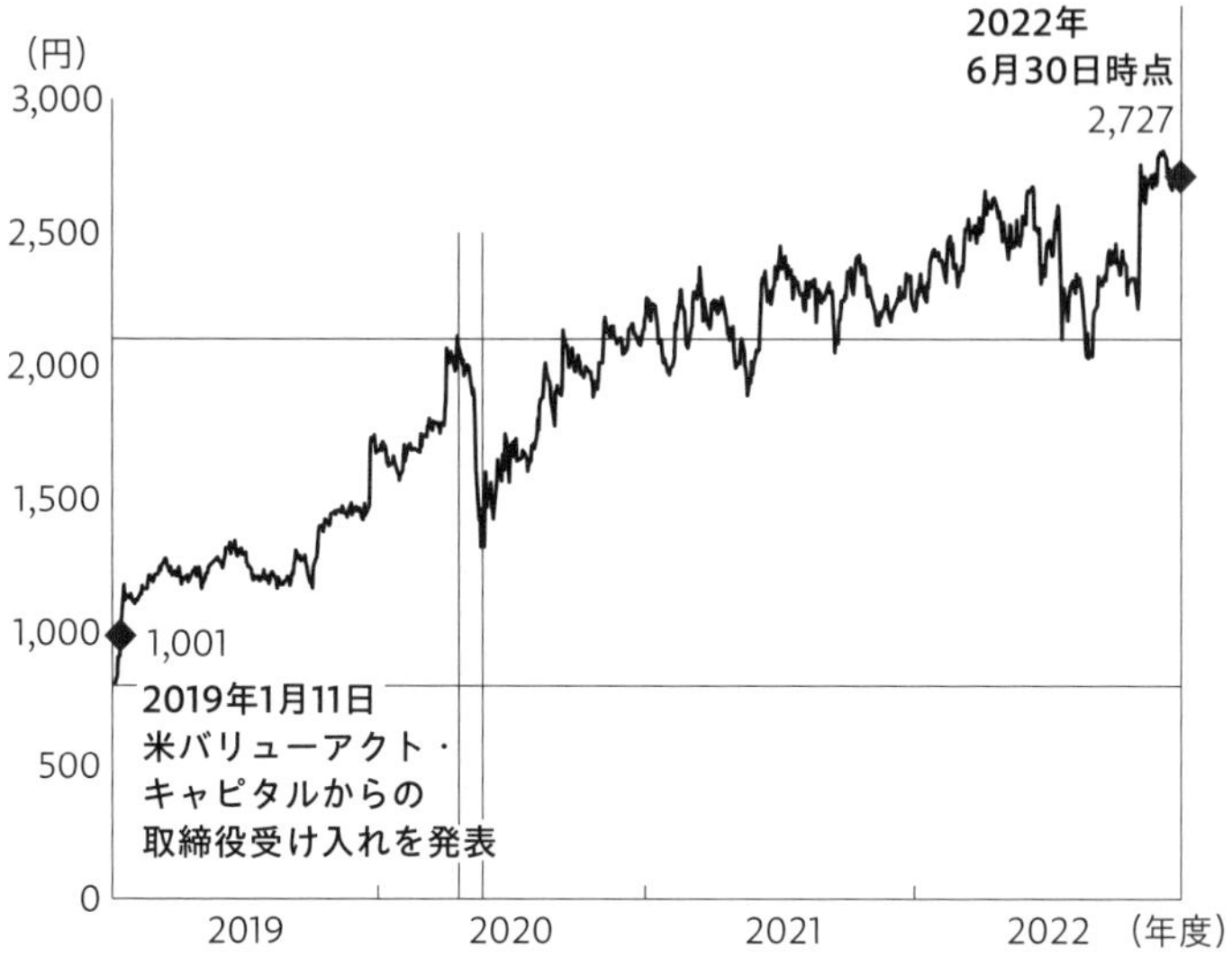


注）株価終値
出所）SPEEDA

オリンパスは、2019年にアクティビスト（物言う株主）とされる米国のバリューアクト・キャピタルの提案も踏まえて、社外取締役を大幅に増やした。経営に多様性を持ち込み、不退転の決意で成長および収益性改革に取り組んだ結果、事業売却を含めた事業ポートフォリオの刷新、組織風土改革や能力開発を通じて、同社の株価は2022年時点で3倍近くまで上昇した（**図表3－11**）。

## ③「骨抜き化」を防ぐ論理的仕組みの導入

### スピード重視と納得を得られるストーリーが鍵

以上の①②のステップを経て、正しい戦略的意思決定ができるようになる。さらに、それを実際の成果に結びつけていくためには、この戦略的な意思決定プロセスを、確実にかつ素早く実行していくことが求められる。

日本企業で働いていると、たびたび直面する組織行動リスクの一つに、「骨抜き化」がある。これは、本来ドラスティックな意思決定をしたものであっても、実行段階が近づくにつれて、より多くの人の意見が関与することによって、当初のドラスティックな決定内容が「マイルドなもの・曖昧なもの」に少しずつ置き換えられていくことを意味する。

したがって、こうしたなし崩し的に骨抜き化されるリスクを克服するためには、スピード重視の意思決定と、具体的な内容を含めたより明確な言語化が必要となるのである。また、それとともに重要なのは、決定に関与する人たちが十分に納得できるような、明確なストーリーを打ち出すことである。

こうした方策を講じるなかで、当初の決定内容が実行段階で曲解されずに正しく遂行されているか否かを、日々の経営プロセスにおいて確認することが必要となる。

また、経営資源の配分や、戦略策定、予算編成、パフォーマンス管理、ステークホルダーとのコミュニケーションなど、財務プロセスとの関係性を明確にすることも重要である。すなわち、各事業の企業価値創出に向けた進捗を評価するとともに、意思決定のプロセスをあらかじめ明確に定めたうえで、組織のオペレーションに組み込んでおく必要がある。

日本企業では、これらのプロセスが整備されていないがために、実行が遅れ、「骨抜き化」により想定していたとおりに経営資源の再配分が進まなかった事例が数多く見られる。

具体的に必要となるのは、数値目標やＫＰＩの明確化、データの見える化、数値レビューの会議体の設定などに加え、意思決定の基準や意思決定後の対応方法を明確にすることである。なかでも、意思決定に従って経営資源の再配分を確実に実行するためには、さまざまなリソースを実際に動かす仕組みを構築することが重要となる。

例えば、研究開発の打ち切り方やその過去の成果の取り扱い、人員シフトのための再教育、設備の廃棄や転用など、場合によっては年単位でのプロセスの整備が必要になる。さらにその必要性に、共感し理解してもらうための説得力の高いストーリーづくりも不可欠である。

同時に、予期できない市場や前提条件の変化にタイムリーに対応できるよう、少人数のリーダーの集まりによる委員会を意思決定機関として設け、迅速に軌道修正や意思決定の見直しが可能な体制を構築することも重要である。

月次の経営会議など定例会議の冒頭で、戦略と資源配分の議論をするのもよいだろう。こうした議論を通じて、戦略策定時の前提は崩れていないか、経営資源を迅速に配分すべき（あるいは資源投入をストップすべき）事象はないか、などを頻繁に確認し、機動的な資源配分の議論の下地を整えることができるのである。

## 大胆なポートフォリオ改革と経営資源の再配分が必須

本章では、まず、グローバル企業の活動を分析することで、エコノミックプロフィット創出の実態を学び、そうした時間を超えて企業価値を高めている企業からの学びを通じて、企業の本来の力、トレンド、大胆な施策、また施策を組み合わせて戦略を検討することの重要性を明らかにしてきた。

日本企業にとって、全社事業ポートフォリオ改革を推進し、大胆な経営資源の再配分を実現できるかどうかが、今後の企業の命運を大きく左右する重大な課題であることは言をまたない。

全社事業ポートフォリオ改革や大胆な経営資源の再配分は、第1・2章でも示したように、日本の伝統企業であればあるほど、その企業の歴史や、先達の声、社会からの声の影響を受けるため、実行する際には大きな覚悟が求められるテーマである。

しかし日本企業も、海外企業の活動事例から学んだことを活かしながら、自社の状況に合わせて大胆に事業ポートフォリオ改革に取り組むことができれば、従業員の汗と涙を、充実感に溢れた笑顔と成果に昇華させることができる。逆にいえば、事業領域の選択を誤り、資源配分を不適切に行った場合には、従業員の努力は実を結ばず、顧客や株主、他のステークホルダーにとっても望ましくない結果を招くことになってしまう。

過去に行われた企業の英断を振り返ると、時にはメディアによる追及やCEO個人への注目が過剰になり、強い意志をもって取り組んでいたにもかかわらず、改革が減速してしまったケースもあった。また、過去のこうした事例から、改革への第一歩を踏み出すことは難しいと、ためらいを感じている次世代の経営者も多いだろう。

企業の存続をかけた取り組みとして、取締役会での議論の質の向上やCEOのより一層のリーダーシップの向上に努めると同時に、CFOを含め経営チーム全員が自ら経営者目線に立って、強い決意のもとで各々の役割を果たすことが不可欠である。また、これらの取り組みを通じて、本来の日本企業の強みであるチームワークをより一層発揮し、思い描くビジョンに向かって団結して経営を進めていくことが重要である。

第1章でも述べたように、日本発のグローバル企業の今後のさらなる飛躍と進化は、日本の国全体にとって最重要テーマの一つである。グローバル市場での発展なくして、日本企業が持続的で普遍的な成長を実現することはできない。

だからこそ、こうした企業のCEOや取締役会などの経営チームの英断を、日本という国や社会全体が一つのチームとして応援する姿勢・風土が、より一層大切なのである。

# 第 4 章

# データ活用を通じた経営革新

ここまで、日本発の企業が、グローバル市場での競争力や存在感を高めることの重要性、およびその際に活用し得る特性、さらには成長実現のためのポートフォリオの改革の重要性などを紹介してきた。

本章では、ポートフォリオ改革の「どこで戦うか」を明確にする。そのうえで、「どのように競争力と存在感を上げていくか」という方法論での大事な要素として、データの活用がいかに経営革新に重要なのか、について解説する。

経営におけるデータ活用とは、経験や勘に頼る方法ではなく、蓄積されたデータの分析結果にもとづいて、戦略や施策を決定・実行さらには高速に軌道修正し続けることを意味する。

## 1 なぜデータの活用が大切か

データは、現在のビジネスにおいて「ヒト・モノ・カネ」に加えて重要な資産であり、「現代の通行手形」とも呼ばれている。そのため今日では、データを使いこなせない企業が企業価値を高めることは難しい。また、競争優位な価値の差別化を実現するためには、他社とは異なる独自の付加価値を提供することが必須であり、そのためにデータの活用は欠かせない。

データ活用なくして、他社との連携による顧客やステークホルダーへの価値共創、SDGsを実現するサステナブルな経営を実現することも難しいといえるだろう。

## (1) DXの成功がもたらすのはトップラインへのインパクト

マッキンゼーでは、データの活用により、世界全体で2030年までに約1300兆〜2000兆円の経済活動が追加的創出されると試算している。これを日本に換算すると、2018年比で国内総生産（GDP）を16%増加させるほどの大きなインパクトとなる。

そして、実際にデータ活用によりデジタルトランスフォーメーション（DX）を成功させた企業は、高い財務パフォーマンスを達成している。

マッキンゼーの調査によると、データドリブン経営（データ主導型経営）に舵を切ったDX先行企業とそれ以外の企業を比較すると、DX先行企業の3年間の株主総利回

図表4-1　DXを成功させた企業の財務的成果

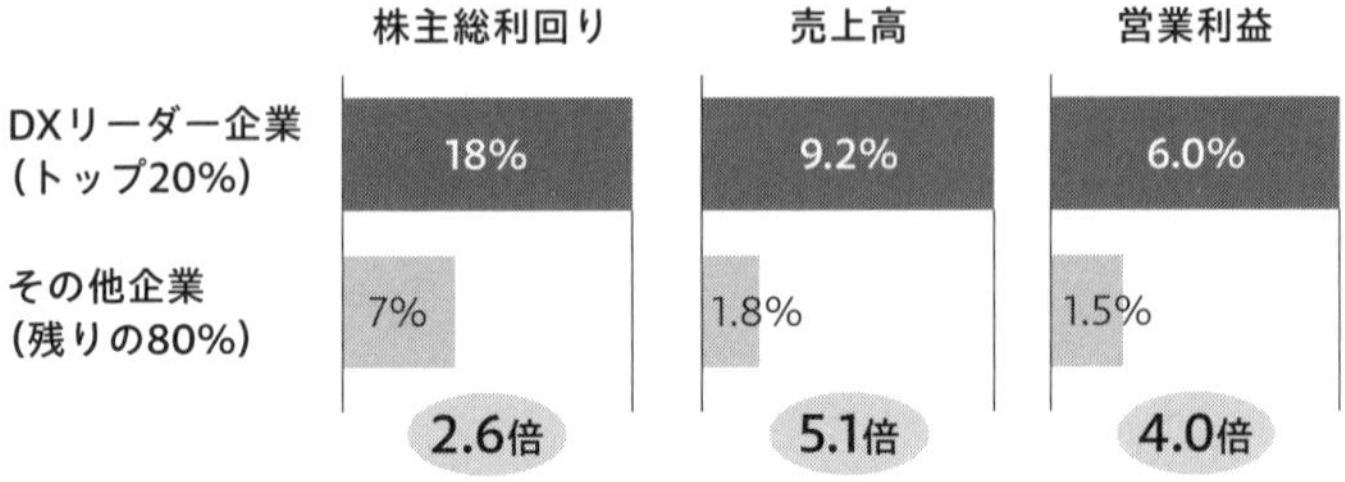


注）1.　マッキンゼーデジタル成熟度調査、n＝650社
　　2.　DXリーダー企業とは、DQ評価を受けた企業のトップ20%の企業。デジタルスキル獲得、ビジネスモデルの転換、エコシステム構築／M&Aなどに積極的に投資
出所）マッキンゼー

りは2・6倍、売上高は5・1倍、営業利益は4・0倍と、他の企業に比して大きな財務的成果を上げている（**図表4－1**）。

　今後、日本発のグローバル企業が、データの活用に長けたグローバル企業に対して競争力を高めていくためには、経営者から現場まですべての階層で、データ活用を進めることが急務である。

## (2) データ活用によるビジネス変革が進まない日本

　ここで、日本企業の現状を見てみよう。日本企業によるDXはこの数年で、たしかに大きく進展してきた。しかし、その多くが「アナログデータをデジタル化した」「デジタル化による業務時間を削減した」など、「デジタル化」の領域にとどまり、財務的な成果への貢献度合いには、ばらつきが大きい。

こうした事象の背景には、全社的かつ戦略的な取り組みの不足、あるいは部門単位での取り組みにとどまって全社レベルでの大きな価値を生むまでに至っていない、といった理由があると推察される（**図表4－2**）。

グローバル企業の経営者の多くは、データに大きな価値を見出し、データを中心に据えた戦略的なDXを推進している。そして、このデータドリブン経営こそ、売上高の増加や新規ビジネスの成功をもたらし、企業価値の向上に結びつく。

日米のDXを比較した際に顕著に表れるのは、その成長・トップラインへのインパクトの違いである（**図表4－3**）。

世界のビジネスはいま、AI（人工知能）の進化により大きな変革期を迎えている。多くの企業がChatGPTなどの生成AIを活用した事業変革に取り組むなか、AIの利活用にどのような選択を行うかが、今後の企業の成長を左右する。

日本企業の正しい選択のために、なぜデータ活用がこれほど重要視されるのか、生成AIはどのような影響を及ぼすのかについて紐解いてみたい。

## 図表4-2　業務のデジタル化にとどまる日本企業のDX

DXへの取り組み状況の日米比較（%）

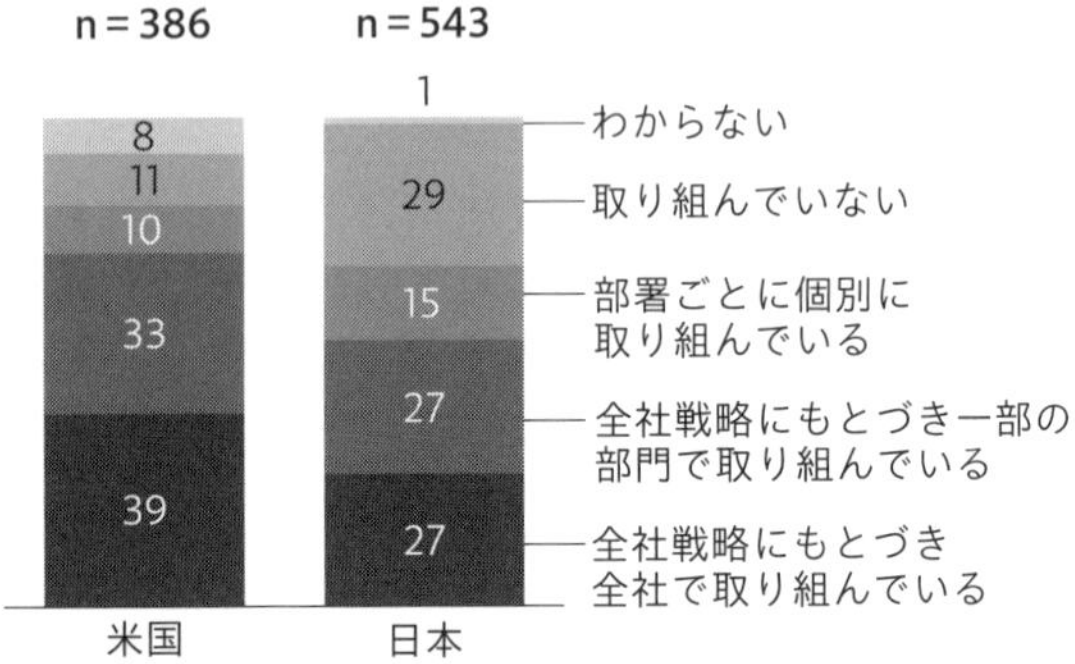


日本企業でDXの取り組みについて「成果が出ている」と
回答した企業の取り組み内容別の成果（%）

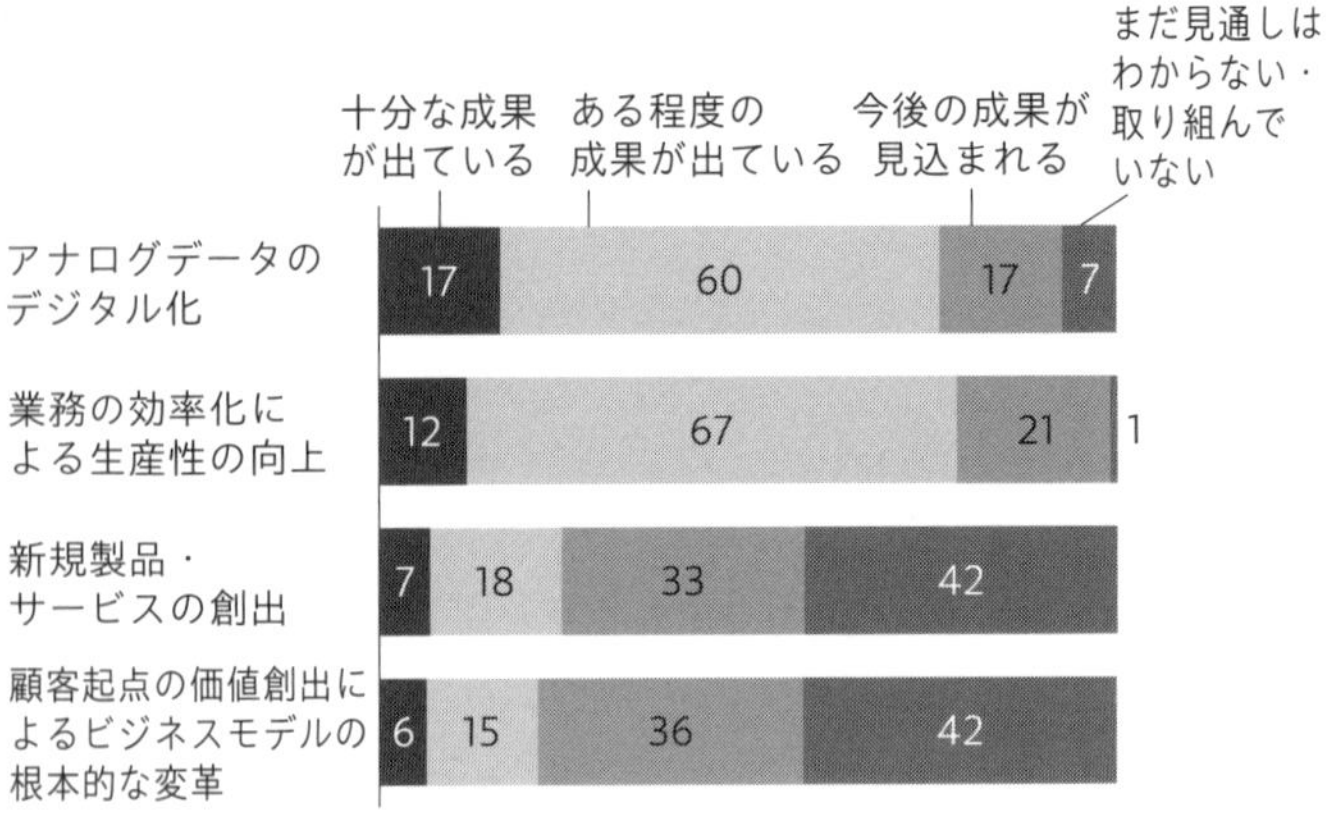


注）n＝218
出所）独立行政法人情報処理推進機構「DX白書2023」

## 図表4-3　データの活用度が低い日本企業のDX

データ活用の日米比較（%、2020年）

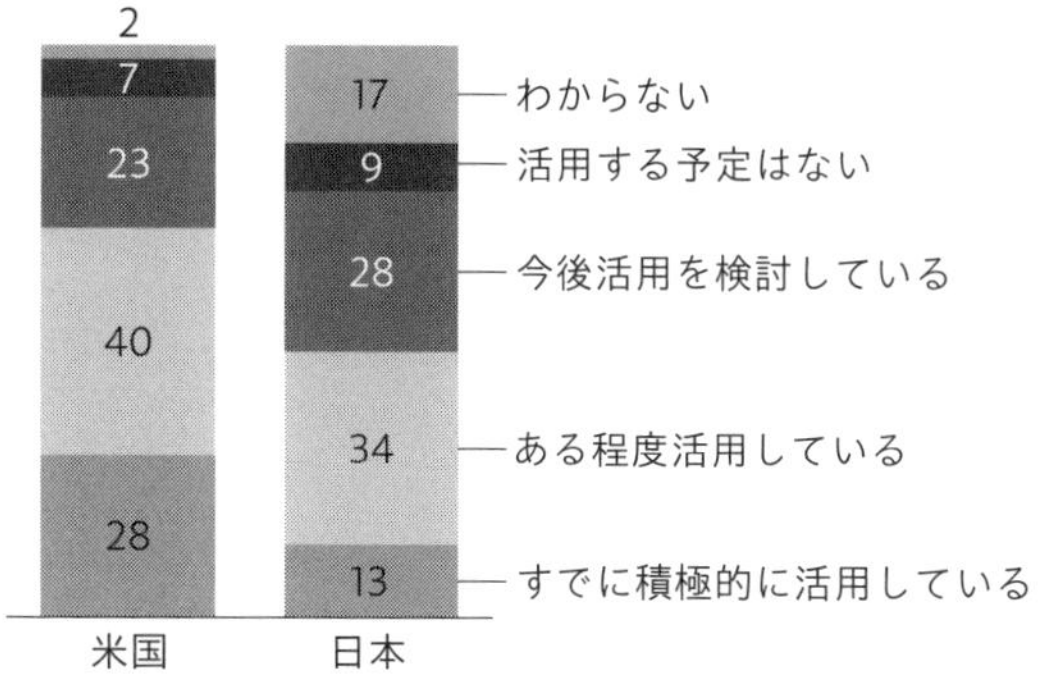


データ活用による売上増加実績の日米比較（%、2022年）

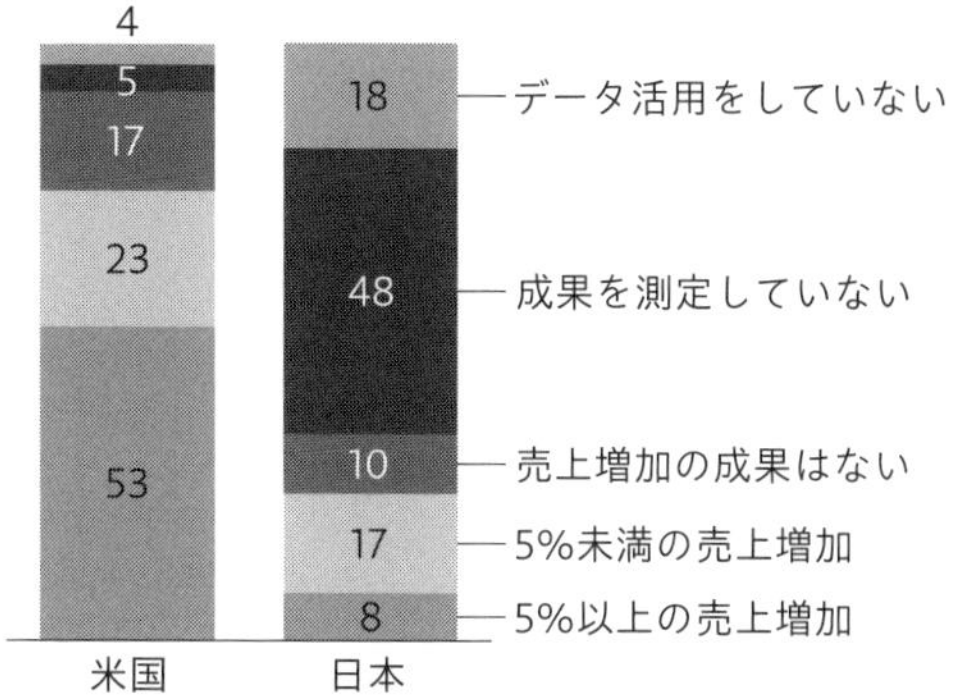


出所）総務省（2021）「デジタル・トランスフォーメーションによる経済へのインパクトに関する調査研究」、独立行政法人情報処理推進機構「DX白書2023」

## 2　データ活用の進展とその背景にあるもの

### (1) データ活用促進を牽引した三つのトレンド

企業経営において、データ活用が注目されるようになった背景に、技術の進歩により多種多様な大量のデータをＡＩが自らが学習できるようになったことがある。そしてデータ活用は、データ保存・処理コストの大幅な低下と、コンピュータの処理能力の向上やデータの多様化および質の向上、さらにはＡＩ・アナリティクス技術の進化、という三つのトレンドにより大きく進展した。

#### ①データ保存・処理コストの大幅な低下とコンピュータの処理能力の向上

データの記録・保存については、コストが低下する一方で、処理能力は飛躍的に向上している。

１９９２年には約７０００ドルであったハードディスクの価格は、２０２２年には

**図表4-4　データの保存・処理にかかる費用の低下**

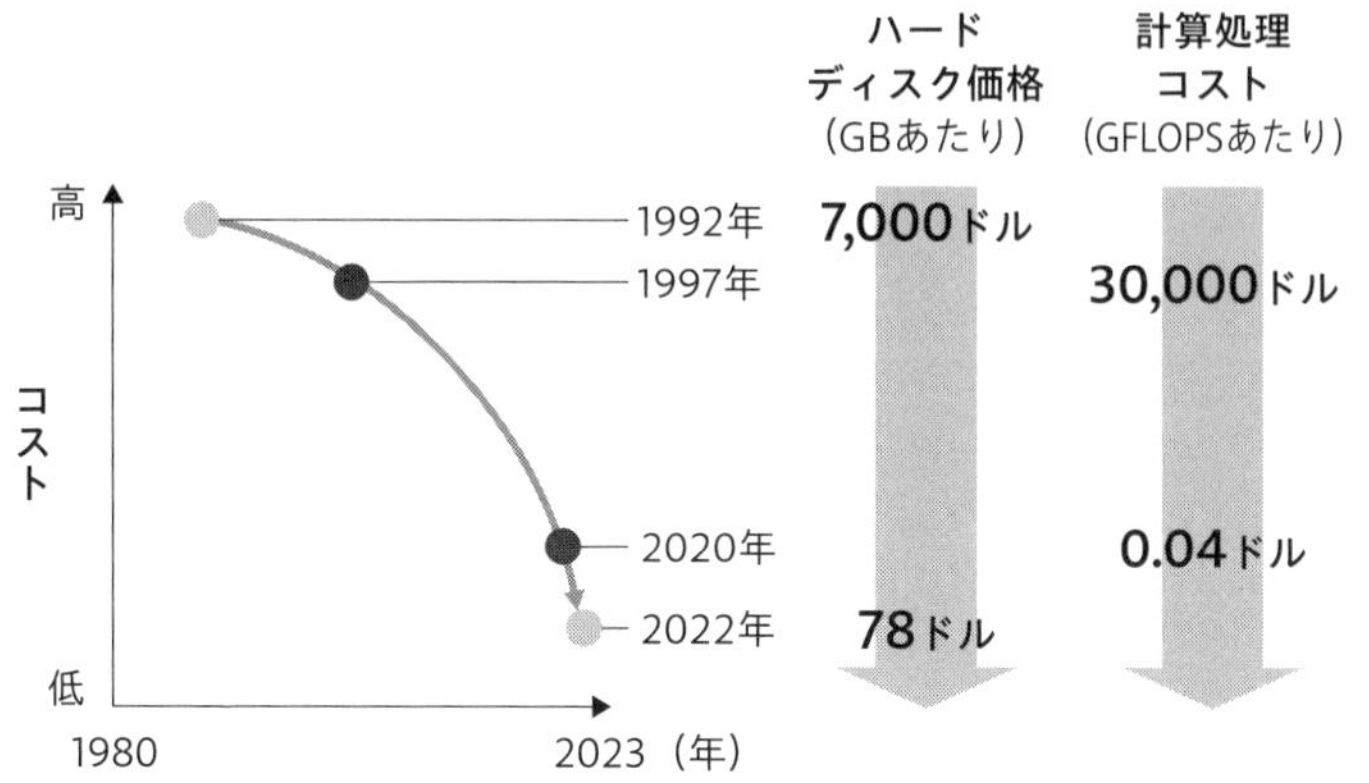


出所）Dave Evans（2011年4月）"The Internet of Things:How the Next Evolution of the Internet Is Changing Everything"; McKinsey Analytics; Dave Evans "The Internet of Things：インターネットの次の進化はどのようにすべてを変えるのか"

約78ドルと、この30年で百分の一にまで低下した。計算処理コストも、１ＧＦＬＯＰＳ（1ギガフロップス、毎秒10億回の浮動小数点演算を実行）あたり、１９９７年には約３万ドルであったが、２０２０年にはその百万分の一の０・０４ドルにまで急速に低下している。

すなわち、30年前には約３０００万ドルと、超豪邸が建つほどのコストをかけて行っていた1テラバイトの処理が、いまや約40ドルでできるようになったのである。このコスト低下と処理能力の向上により、データの活用は劇的に容易になったというわけである。

## 図表4-5　あらゆる活動が「データ」として蓄積可能

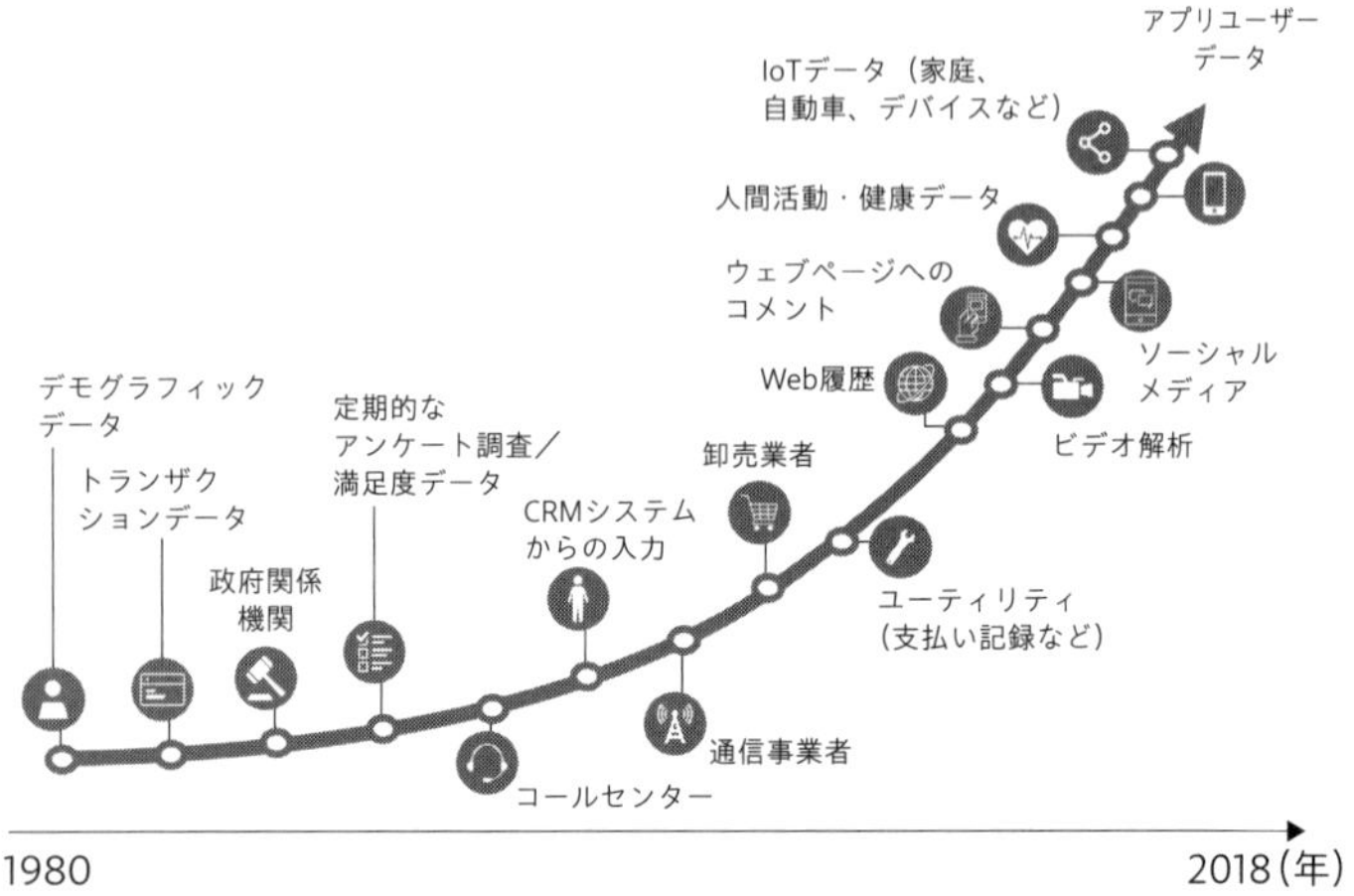


| | |
|---|---|
| 1980年代 | デモグラフィックデータ<br>トランザクションデータ<br>政府関係機関<br>定期的なアンケート調査／満足度データ |
| 1990年代 | CRMシステムからの入力<br>通信事業者<br>卸売業者<br>ユーティリティ（支払い記録など） |
| 2000年代 | Web履歴<br>ビデオ解析<br>ウェブページへのコメント<br>ソーシャルメディア<br>人間活動・健康データ |
| 2018年 | アプリユーザーデータ<br>IoTデータ（家庭、自動車、デバイスなど） |

出所）Dave Evans（2011年4月）“The Internet of Things:How the Next Evolution of the Internet Is Changing Everything”; McKinsey Analytics; Dave Evans “The Internet of Things：インターネットの次の進化はどのようにすべてを変えるのか”

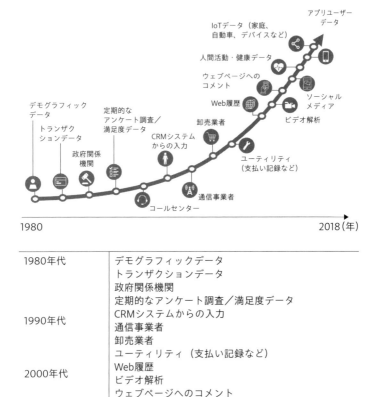

## ②データの多様化および質の向上

センサーなどの技術の進歩に伴い、さまざまな種類のデータが蓄積可能になってきている。一例を挙げれば、1980～90年代に蓄積されていた主なデータは、デモグラフィックデータ（年齢、性別、家族構成など）や、各種業務に伴い発生する商取引に関わるデータであった。しかし現在では、より精緻な顧客の購買履歴管理や、位置情報データ、SNSでの動き、健康データ、各種アプリケーションに入力されるテキスト、音響、画像、動画、非可視光データ、センサーデータなど、ありとあらゆる活動がデータとして蓄積されるようになり、その用途は飛躍的に拡大している（**図表4－5**）。

## ③AI・アナリティクス技術の進化

近年のアナリティクス技術や手法の進化により、さまざまな種類の大量のデータをより簡単に処理し、より有用な結果を得ることができるようになった。この進歩には、機械学習やディープラーニング（深層学習）の技術が大きく貢献している。

AIの研究の歴史は古く、1950年代から始まっている。機械学習は、1980年代に実用化された技術で、与えられたデータ群から何らかの規則や判断基準を自ら

**図表4-6　機械学習、とりわけ深層学習の勢いと成熟度は2022年から2023年にかけて強く加速している**

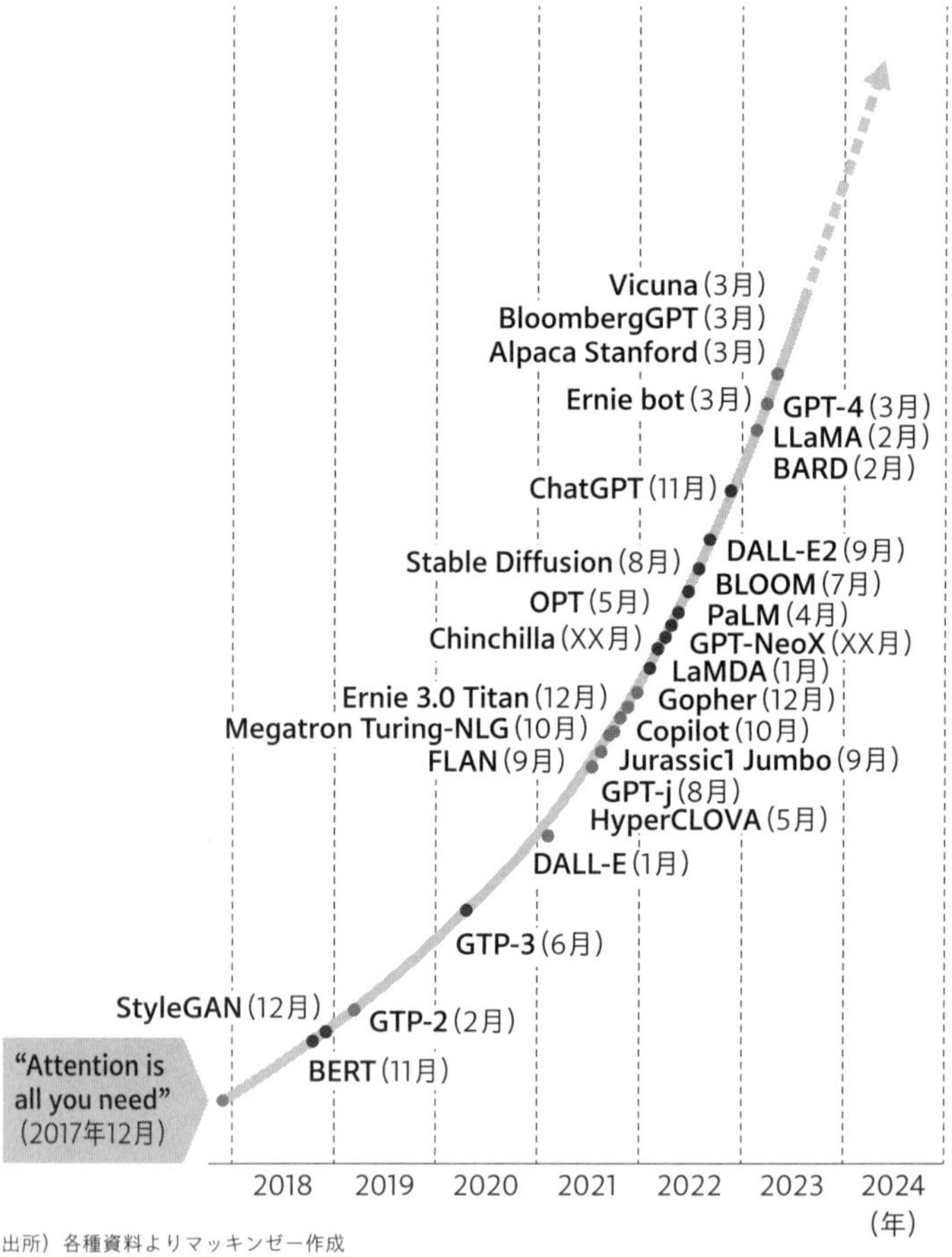


出所）各種資料よりマッキンゼー作成

学習し、それにもとづいて未知のものを予測・判断するものである。

一方、2012年に実用化されたディープラーニングは、大量のデータから複雑なパターンを学習する、より高度な機械学習技術である。この技術は、多層のニューラルネットワークと呼ばれる仕組みを使用して、膨大なデータから特徴（対象となるデータの特徴を数値にして表したもの）を抽出し、その特徴量をもとに予測や分類を行う。この技術により、非常に高い精度で予測や判断を行うことができるようになった。

これらの技術はいまなお日進月歩で進化を続けており、ビジネス上の意思決定や戦略策定においても、より簡単に意味のある情報を抽出し、正確で緻密な分析や予測ができるようになっている（図表4－6）。

## (2) ＡＩに関する調査から見えてきたもの

### 急速に進むＡＩの進化と企業のＡＩ導入

経営におけるデータ活用が大きく進んだ背景にＡＩの進展があることは述べた。マッキンゼーでは、ビジネスにおけるＡＩの役割に関する調査を2017年から5年連続でグローバルに実施しているが、この間にもさまざまな変化が見られた。

一つ目の変化として、AI導入率が2倍以上に増加したことが挙げられる。調査に対して、少なくとも一つの事業領域でAIを導入していると回答した組織は、2017年にはわずか20％であったのに比べて、2022年には50％に達している。とはいえ、AIを利用する組織の割合は、ここ数年の間、50％から60％の間で停滞しているという事実も浮き彫りにされた。しかし、組織が使用しているAIの数は、2018年の1・9から2022年には3・8へと倍増している。

AIのなかでも、ロボティクス・自動運転と画像解析を導入している組織が最も多いが、今日では、自然言語処理ツールに大きな注目が集まっている。この分野で驚異的な発展を見せている代表例として、対話型の生成AI（以降、ジェネレイティブAI［Generative AI］）といわれる大規模言語モデル（LLM）が挙げられる。

2013年に米国の発明家レイ・カーツワイルが「2045年までに人間並みの知性を誇るAIが登場する」と予測したシンギュラリティ（技術的特異点）が本当に起こるのかは、現時点ではわからない。しかしジェネレイティブAIの急速な進化の過程を見る限り、絵空事と断定することはできない。

事実、ジェネレイティブAIや機械学習の研究と開発を行う米国の非営利法人「オープンAI（OpenAI）」が2022年12月に公開したLLM搭載のジェネレイティブAI「ChatGPT」は世界的な話題になり、わずか2カ月でアクティブユーザー数が1億人を突破するなど、もはや社会現象といっても過言ではないほどの普及となっている。

ChatGPTについては、学習データの偏りによって正確さに欠ける点や、機密情報の漏洩リスクや既存コンテンツへの権利侵害、さらには論文試験などへの悪用など、加熱するブームを批判的にとらえる意見がある一方で、難関で知られる米国の医師免許試験や司法試験の模擬テスト、世界有数のビジネススクールであるペンシルベニア大学ウォートン校のMBA試験をクリアするなど、その性能の高さを肯定的にとらえる人々も多い。

## 対応が求められるAIの浸透に伴う負の部分

米国時間の2023年3月14日にリリースされた最新LLM「GPT-4(Generative Pre-trained Transformer 4)」を搭載した新バージョンのChatGPTでは、GPT-3・5を搭載した前バージョンよりも、データの規模、性能、信頼性がさらに高まっており、文字に加え画像も扱えるようになっている。

マイクロソフトの検索エンジンBingをはじめ、ソフトウェア開発ツール、クラウドサービス、議事録作成サービス、言語学習アプリなどへの統合も進みつつあり、その用途は広がるばかりである。ただし、ＣｈａｔＧＰＴに代表されるＬＬＭを使ったジェネレイティブＡＩの急速な進歩に期待が高まる一方で、これらの活用にはきちんとした法整備が必要という声が根強いことにも触れておきたい。

今後、さらに技術が進み、学習データの種類や量が増えていけば、デジタル化が進んだ領域ほど効率化は加速する、と考えられる。その先にあるのは職業の選別と淘汰であり、ＡＩに取って代わられる仕事が多く存在することも無視できない。

まさにジェネレイティブＡＩの強みである調査・分析・画像読影・計算能力・デジタルデータの生成など、すでにアウトプットのスピードや情報量の面で、人間が太刀打ちのできないレベルにまで達している。

これまで知識の量によって担保されていた能力が、ＡＩの進化でその価値を失うとしたら、われわれ人間はこれから何を武器に付加価値を出していくべきなのだろうか。データ活用が理想であった数年前と比較し、これらジェネレイティブＡＩは現実として世界に浸透し始めている。大企業の経営層は、いままさにその問いに答える必要性に迫られている。

ＡＩの導入が進むにつれて、ＡＩへの投資額も増加している。２０１７年には、自社のデジタル予算の5％以上をＡＩに充てているとした回答者は40％であったが、現在では回答者の50％以上が同水準の投資を行っていると報告している。さらに回答者の63％が、自社のＡＩへの投資額は今後3年間で増加すると予測している。

一方、実際のビジネス現場では、２０１８～22年の間は変わらず、サービスオペレーション（ユーザーや顧客に、合意したレベルでのＩＴサービスの提供を効果的に行うための手法）の最適化が最優先事項となってきた。しかし、マッキンゼーの調査から見えてきたもう一つの変化は、ＡＩ活用の事業領域が変わってきたことである（**図表4－7、4－8**）。

２０１８年当時、回答者の多くが製造とリスク管理へのＡＩの活用に価値を見出していたが、現在では、マーケティング＆セールス、プロダクト・サービス開発、戦略・企業財務の分野で最も大きな収益効果が報告されている。

また回答者は、サプライチェーンマネジメントにおいて、ＡＩにより最大のコスト削減効果が確認されているとも答えている。

報告によると、企業がＡＩから得られる付加価値は依然大きく安定しており、２０２３年の調査でも、回答者の約四分の一が、自身が所属する組織のＥＢＩＴ（支払い金利前税引き前利益）の少なくとも5％が２０２１年のＡＩ導入によるものであると

## 図表4-7　組織内のAI活用領域（%）

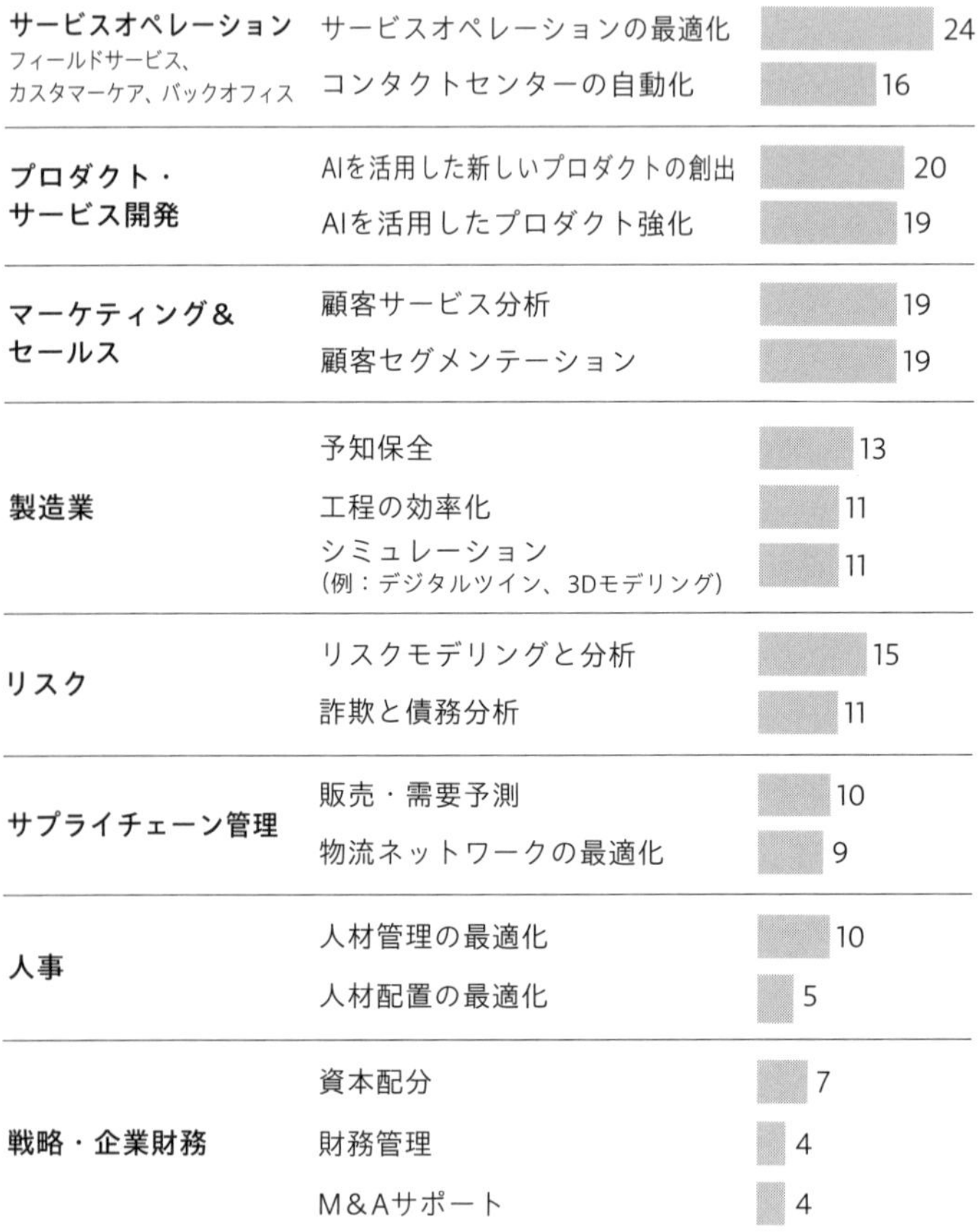


注）n＝39、所属する組織内で少なくとも1つの機能でAIを導入していると答えた回答者による回答
出所）マッキンゼー

## 図表4-8　AI導入による機能領域別の収支の変化（%、2021年）

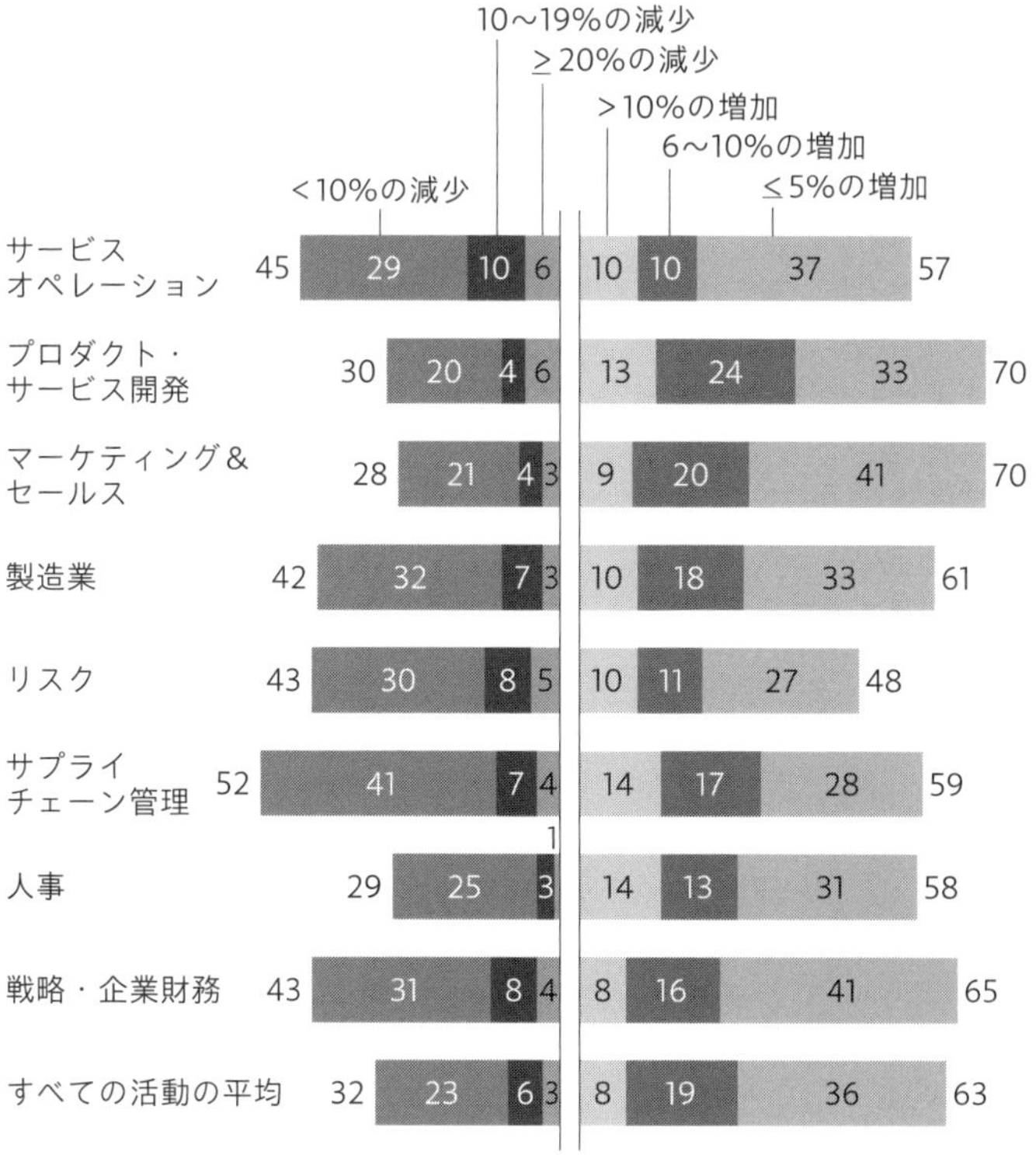


注）n＝39、所属する組織内で少なくとも1つの機能でAIを導入していると答えた回答者による回答、「変化なし」「コストアップ」「該当なし」「わからない」と回答した回答者は除外
出所）マッキンゼー

している。これは、過去2年間の調査結果とも一致する。

最後に、組織が実施しているデジタルトラスト強化のためのリスク軽減策が不十分であることが懸念材料として残っていることを、指摘しておきたい。

ＡＩの利用は増加しているが、マッキンゼーが本データの取得を開始した２０１７年から現在に至るまで、ＡＩ利用に対するリスク軽減のための改善報告は、ほとんど見られない。

実際に生成能力が人間を超え始めているＣｈａｔＧＰＴでは、人間の著作物や成果物である精巧で自然な文章や画像描画が大量につくられてしまうという問題が指摘され始めている。早急に知財や著作権などの法律の対応が迫られている。

## (3) データ活用を支える五つの要素技術

環境変化によるデータ活用の飛躍的な加速に加えて、実際のビジネスでのデータ活用を支えているのが、種々の要素技術である。２０２２年時点で主に使用されている要素技術は、大きく次の五つに分類される。

**①画像解析**　コンピュータが機械学習を用いて、画像や動画内の物体や人物を識別

し、理解する技術である。例えば、画像からの文字や感情の読み取り、あるいは店舗設置カメラなどからの人の流れの分析などに利用されている。

**②自然言語処理**　コミュニケーションで使用する「話し言葉」から論文のような「書き言葉」まで、人間が日常的に使用している言語（自然言語）をコンピュータが処理分析し、それらの言葉が持つ意味を解析してその概念を獲得することにより言語を理解する技術。

使用例としては、アマゾン（Amazon）のアレクサなどスマートスピーカー経由の言語処理やチャットボット入力データの文脈解析、議事メモの自動書き起こし、DeepL翻訳のような文章の自動翻訳などに活用されている。

先述したジェネレイティブAIで最も注目されている大規模言語モデルもこれに該当するが、大規模言語モデル自体、もはや自然言語だけを処理しているわけではない。抽象度を上げれば、ファンデーションモデル（Foundation Model）として画像解析、音響解析も可能になるなど、これが事実上、他の要素技術を統合し始めて、AIのコアになりつつあることも事実だ。

**③バーチャルアシスタント**　自然言語を用いた対話を通じて、ユーザーが求めている情報を提供したり、適切な動作を実行したりするアプリケーション。

例としては、アップル（Apple）のSiri、グーグル（Google）のグーグル・アシスタント、アマゾン・アレクサ、マイクロソフト（Microsoft）のCortanaなどがある。

**④ロボティクス・自動運転**　AIやIoTと連動して制御されるロボット（車両を含む）に関わる技術である。この技術はまた、ロボットの手足を構成するアクチュエータなどの駆動・構造系、画像・動画情報を識別するためのセンサー系、ロボット運動の電子制御ユニット（ECU）などの制御系、ロボット用知能ソフトウェアなどの知能系に大別される。

これらの技術は、人の認知や判断、操作に頼らず自動で目的地まで顧客を運ぶ自動運転シャトルバスや、ボストンダイナミクス社の犬型ロボット（パトロールや救助活動を行う）などに活用されている。

**⑤数理最適化**　現実で起こる問題を数式に落とし込み、制約条件を満たしつつ、コストの最小化や利益の最大化を実現するための変数の値を求める手法。

例えば、メールマガジンを配信する場合、通常、最大配信可能数や優先配信コンテンツ、配信コスト、販促費の上限（配信キャンペーンにデジタル化して配布するポイント等）などの制約があり、すべての顧客にすべてのメールマガジンを配信するわけにはいかない。

このような場合、数理最適化を適用することで、どのユーザーに、どの種類のメールを、何時頃に配信するとメール開封率を最大化し、さらには期待収益の最大化につなげられるかを、数学的な解析による計算から導き出し実行に移すことができる。

現在、センサーの普及やストレージの廉価化によるデータの爆発的増加、GPUなど計算資源の高速化、データからのインサイトの抽出や可視化あるいは高度な推論や予測・予知が容易になったことにより、メタバースやNFT（非代替性トークン、唯一無二のデジタル資産）、ドローン、自動車の自動運転などの実現が可能になっている。

## (4) 要素技術の活用事例

以上に挙げた要素技術は、さまざまなビジネスの課題解決に大きな効果を発揮しているのだが、実際の活用例としては、以下を挙げる。

**事例①デジタル販促の最適化のための要素技術の活用**

今日、消費者向け・小売りなどのビジネスは、セクターや業界の垣根がなくなりつつある。移動体通信事業者（MNO）がコマースや金融・エネルギー市場へ、逆にコマースプレーヤーがMNOへなど異業種への参入が相次いでおり、業種が入り乱れた激戦が繰り広げられている。

また、世界中の大手リテール各社は、その膨大な顧客基盤を武器に、これまでメディア業界が中心であった広告領域にリテールメディアプラットフォーマーとして名乗りを上げ、さらには、メーカーもDXを加速させている。

例えばナイキ（Nike）は、稼ぎ頭の流通経路であったスニーカー小売チェーンの最大手フットロッカー（Foot Locker）とコマース（流通）チャネルのアマゾンから完全撤退し、流通経路に頼らず、限定ブランドやD2Cを起点にオウンドメディア（自社保有メディア）や自社チャネルでの勝負に挑み、成功してきている。

日本では、広告媒体がグーグル・アドセンスやInstagram、X（旧Twitter）、TikTokへ、そして詳細媒体はYouTubeなどのインターネット媒体へと急速に流れを変え、Z世代の購買行動は激変した。

現在では、価格ドットコムやX、ショート動画などで製品やサービスの評価を確認し、その後に購買検討に入るという流れが一般的となっている。これは、情報過多の時代を生き残るために進化した行動様式といえるだろう。

Z世代は、製品やサービスの評判を確認し、興味を持った製品についてのみ実店舗に足を運んだり、グーグルの文字検索や長めの動画紹介サイト、あるいは各社のオウンドメディアで詳細な情報を収集するなどして内容をさらに深掘りし、その後に一部の商品は店頭で、また一部はデジタルで購入している。

これまで、販促費の多くが販促活動、および実店舗における値引きやテレビ広告などに充てられていたが、デジタル技術の進化により、これらを完全に仮想的な方法で行うことが可能となったため、販促費などの資金もデジタル領域へと急速にシフトしている。

こうしたデジタル化により、従来以上に差別化されたアプローチで優れた購買体験を提供し、顧客を誘導し、購入させることが可能となっている。

## 事例②作業効率化と精度向上のための要素技術の活用

従来人間が行ってきた保守作業に、画像データを用いて自動化する技術の「画像解析」が活用されている。その一例が、送電線のメンテナンスにおける活用である。送電線は錆による劣化を防ぐために定期的なメンテナンスが必要で、これまで膨大な数の作業を保守作業員が人海戦術で行ってきた。

しかし実際のところ、海岸線沿いの送電線や、降水量の多い地域、落雷の多い地域では、築年数だけでは劣化の度合いを正確に予測できない場合が多い。そこで有効活用できるのが、画像解析技術である。この技術により劣化レベルを客観的に自動分類し、人間の経験や勘に頼ることなく科学的なデータで作業の優先順位を決定することが可能になる。

この技術には、主に画像解析に特化したニューラルネットワークモデルであるディープラーニングが用いられる。実際、北米では、この技術を導入することで、これまで月に数千人かけても間違いが多発していた保守業務の優先順位づけにも、正確な優先度を割り出すことができ、的確な保守作業を行うことが可能になっている。

この画像解析技術の応用により、人間が行っていた目視による作業工程をすべて代替することが可能になった。例を挙げれば、すべて職人に委ねられていた果物の熟れ具合の判断について、この技術を用いることによって、正確に特定し、自動で摘み取ることもできるようになっている。

### データによる$CO_2$排出量の可視化

また、$CO_2$排出量をデータで可視化する動きも、社会的要請を受けて増えている。

最も進んだ業界としては、意識が高いエネルギー産業や環境関連産業、またはデータサービスを提供しているＧＡＦＡＭなどが挙げられる。つまり、サービス消費時にデータセンターやサーバーなどの計算資源負荷が大きく、間接的に熱効率を向上させる必要性が高い先進的なテクノロジー企業などである。

このような業界では、ＣＯＰ（国連気候変動枠組み条約締約国会議）やパリ協定による規制に対するデータを可視化し、ＩＲレポートなどで自らの事業に紐づけて排出量制限目標と実績を公表するなど、企業努力を内外にアピールしており、企業風土改革、投資家に向けたＰＢＲ（株価純資産倍率）やＰＥＲ（株価収益率）の向上に努めているのが一般的である。ここでは、データを用いた客観的な蓋然性チェックが重要になる。

また、環境認証を導入して、客観的なデータをもとに評価をし、科学的にアプローチする国も増えている。環境に配慮した製品やサービスを提供することを示す環境認証を積極的に取得することで、消費者にアピールしている一部の産業や企業が、その典型である。

世界的に有名な環境認証としては、「ＬＥＥＤ（Leadership in Energy and Environmental Design）」が挙げられる。ＬＥＥＤは、米国グリーンビルディング協会（ＵＳＧＢＣ）が提供する建築物の持続可能性に関する認証プログラム。エネルギー効率、水の使用、資源利用、室内環境などの基準を満たす建築物に対して認証を授与している。

日本で導入されている環境認証では、「CASBEE（Comprehensive Assessment System for Built Environment Efficiency）」が知られている。CASBEEは、日本の建築物や都市環境の持続可能性を評価するためのシステムで、エネルギー効率や環境負荷、快適性などの評価項目が含まれているのが特徴的である。ここでも拠り所となるのは、客観性あるデータをもとに評価している点だ。

また、単一の企業努力では排出量の目標達成が難しい場合、カーボンオフセットなどのオプションを導入している企業も増えてきている。これは$CO_2$排出量を削減するために、再生可能エネルギーの導入や森林の保護などのプロジェクトに投資する手法だが、対象の主たる事業単体での$CO_2$の進捗が停滞している事業において、より効果的にオフセットするオプションとして利用している企業もある。

こうした取り組みは、環境データ可視化ツールの導入で、より透明度を上げることが可能となるため、データ可視化のための専門ツールやソフトウェアが使用されることがある。また、データにより、排出量のモニタリングや分析が容易になるため、データアナリティクス（企業が持つ種々のデータを使って業務改善や売上向上、組織の課題解決につながる情報を得るための分析）との相性がよく、これも利活用が進んだ事例の一つといえるだろう。

## 3 データ活用による経営革新

ここまで、データ活用が企業経営に与える影響、データ活用進展の背景、グローバルでのＡＩの活用実態、要素技術と活用事例について見てきた。ここではさらに、データ活用による経営の革新の一例として、Ｂ２Ｂ市場でのパーソナライゼーションを挙げてみたい。

### (1) Ｂ２Ｂ市場でのパーソナライゼーションの実施

アナリティクスに投資している企業の多くが、いまだ顧客に「代わり映えのしない」定番商品リストを提供している。一方で、先進的なＢ２Ｂ (business to business) 企業は、このような画一的なアプローチを廃止し、Ｂ２Ｃ (business to customer) 企業の手法を取り入れ、よりパーソナライズされたアプローチを採用することで差別化を図っているケースも見られる。

こうした企業の四分の三は市場シェアの拡大を報告しており、パーソナライゼーションは市場競争において重要な要素であることが示唆される。

しかし現在、高度にパーソナライズされたマーケティングを提供できる体制が整備されているB2B企業は、全体のわずか8%しかない。パーソナライズ化をほとんど行わずに市場シェアを拡大した企業は、調査対象の半数未満であることも判明している（注：Auron Arora, Liz Harrison, Candace Lun Plotkin, Max Magni and Jennifer Stanley, "The new B2B growth equation," McKinsey〈2022年2月23日〉）。

企業は、よりパーソナライズされたアプローチを取ることで、適切な経営幹部に適切なメッセージを、適切なタイミングで届けることができる。急成長を続けるあるソフトウェア企業は、新しいプラットフォームを中心にビジネスを展開してきたが、経営幹部への売り込みにはより高度なアプローチが必要であると認識し、従来の定型的な提案アプローチからコンテンツをパーソナライズする戦略の変更を試みた。

業界、サブ業界、特定のアカウントのターゲットリストに関してすり合わせを行ったうえで、顧客の規制環境、技術的な洗練度、最近の買収、公表されている戦略施策にもとづいて、高度にパーソナライズされた価値提案を策定したのである。営業チームは、こうしたカスタマイズされた提案を策定するにあたって、ターゲットとなる顧客の個性・特徴や市場動向を理解するためのトレーニングを何週間もかけて行った。手厚いサポートが必要な顧客もいる一方で、すでに既存のシステムにプラットフォームを詳細に連携・統合する準備ができている顧客もいる。そうした顧客には、このアプローチが功を奏し、顧客からは同社が「十分な準備ができていたこと」「信頼を獲得できたこと」「専門知識を提供できたこと」で高く評価された。

このコンテンツ戦略により、同社は、1年半にわたるプレリリース期間を経て、年間5000万ドルの経常収益ビジネスを構築した。

## (2) 顧客との信頼関係を築くパーソナライゼーション

B2Bのコンテンツに求められる水準は高い。ビジュアルで訴え、高揚感を創出し、複雑なアイデアを簡潔に伝え、急速に進化する顧客の期待に応えなければならないからだ。

B2B製品は通常高額であり、売り手はターゲットとなる顧客アカウントに対し一つの提案のみを行う場合が多い。したがって、信頼性は非常に重要な課題となる。優れたコンテンツとは、信頼性と深い専門知識を示し、導入から立ち上げまでのパートナーであることを顧客に納得させ、製品の機能や性能よりも最終的な成果の提供に重点を置くものである。

営業担当者の約6割は、マーケティングチームが作成したコンテンツは差別化が不十分で、顧客は何の反応も示さないと回答している。

しかし、革新的な情報源から得られた新しいデータと、顧客との直接的な会話やアンケート結果を組み合わせることで、マーケティングチームは、特定のアカウントや業界の個々の意思決定者やインフルエンサーに向け、パーソナライズされたコンテンツを作成することができる。例えば、同じ企業内のCIO（最高情報責任者）とデータサイエンティストに対して共通の内容のメッセージを伝える場合でも、営業アプローチは、それぞれの対象者に合わせて大きく異なるものとなる。

大手テクノロジー企業は、顧客のためのパーソナライゼーションを強化する必要性を認識し、データサイエンティスト、開発者、設計者などのエンドユーザーをターゲットにした具体的な戦略を展開している。エンドユーザーは、「オプションクリエイター」として企業に対し、ますます影響力を持つ存在になってきている。

そのためテクノロジー企業は、AIやサステナビリティなどの新たな施策やテーマについて、営業担当者ではなく、CTO（最高技術責任者）が中心となる、目的に特化したイベントを開催している。これにより、顧客がより主導的な役割を果たし、企業の取り組みや技術についてより深く理解することが可能となっている。

テクノロジー企業は、ハッカソン（ITエンジニアやデザイナーなどが集まってチームをつくり、特定テーマに対して意見やアイデアを出し合うイベント）や著名なエンジニアとのインタビューなど、開発者層に訴求するための多様なイベントも開催しており、イベントに営業担当者を関与させることなく、ユーザーたちを自社製品の強力な支持者に変えることに成功している。

これにより企業は、顧客との信頼関係を構築し、自社製品をより多くの人に普及させることができるようになった。

## 4 データドリブン経営の実現に向けて

これまでの先進事例からもわかるように、今日、データの活用なくして持続可能なビジネスの成長や存続、企業の競争力強化の実現はもはや不可能である。また、特に困難な時期こそ、経営の意思決定が業績に及ぼす影響は大きい。

マッキンゼーは過去数年間、世界中で年間1200件以上のDXプロジェクトに関与して、さまざまなクライアントに客観的な立ち位置で支援を続けるなかで、データドリブン経営への理解を深めてきた。その活動から見えてきた日本企業がグローバルで成長していくために必要なデータドリブン経営のポイントを、以下にまとめてみた。

### (1) 企業成長のレシピ――全社戦略を立てDXで実現

企業変革を、アクション重視、スピード重視に進めることは、実用的で実際的である。一方で、ここ数年のDXの取り組みを俯瞰すると、「とりあえずやってみないとわからない」とPoC（Proof of Concept）に入りがちになっているといえる。

やってもやっても効果が出ないというPoCの罠に陥らないためには、同時に、前提となる企業文化の再構築が必要であり、加えて実行性を高め、最終的な成果を最大化するための戦略をつくることが肝要であることが見えてくる。

持続可能な成長の実現を目標に、自社の従業員を動かすためのわかりやすいシンプルな戦略をつくり、そのうえに実現を可能にする組織能力を構築して、目標達成のためにデータやＤＸを手段にフル活用して大胆な企業変革を実行するべきである（**図表４－９**）。

特に留意したいポイントを以下に抜粋したが、データドリブン経営の実現に向けては、確実にすべてのプロセスを進めることが肝要である。

## ①新たなビジョンづくりと実現に向けた戦略の策定

### 長期を見据えた企業文化の再構築

ＤＸの技術的な議論に入る前に、まず世の中全体の変化やＤＸを含む最新の技術トレンドも踏まえて、目標とする企業の姿やビジョン、方向性をあらためて議論し、確認することが必要である。

すでに多くの企業が、祖業でのビジョンを現在の社会環境に合わせて変化させている。例えば、ガソリン車を祖業とする会社は、ＥＶシフトの流れのなかで、その先にあるモビリティの価値提供のあり方を再定義することになる。そうすることで、ＥＶとそれ以降に自社はどのようなイノベーションが必要か、エンジン車と同様の成功を収めるためには何をすればよいのか。これらを長期ビジョンとして考えていくなかで、これまでエンジン車に携わってきた人々に新たなモチベーションを提供できるような

**本業の足腰強化**
- コスト削減
- 売上拡大

**本業の再定義・変革**
- 顧客満足
- 経営精度

**本業を超えたイノベーション**
- 事業継承
- 新事業

管理職・現場のDXリテラシー、現場のリスキリング（トランスレーター育成）

継続的プロダクト改善へ、社内中心目線から顧客目線へ

管理・BCP、クラウド・API活用、新技術の目利き・アーキテクト養成

タ整備（部品・顧客等）、事業が理解できる説明可能なAIの活用、全社拡大

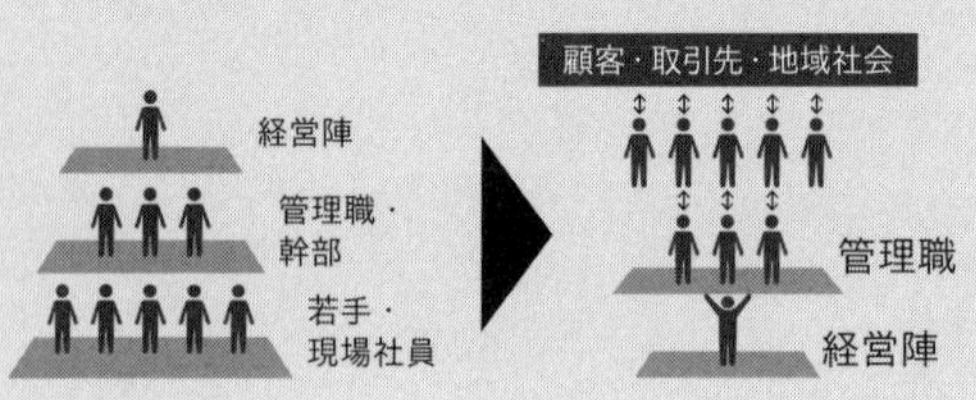

**図表4-9　データドリブン経営成功のポイント**

| | 成功の要件 | |
|---|---|---|
| 戦略 | 1：戦略ロードマップ | ●対社会・業界<br>●対消費者<br>●対競合<br>●協業優位の提供価値定義<br>●ゼロベースでの業務見直し<br>●社員の健康度の向上 |
| 組織能力 | 2：タレント | ●IT丸投げ脱却への手の内化・内製化、経営者・ |
| | 3：アジャイル・デリバリー | ●失敗から学ぶ文化、つくっておわりから |
| | 4：テクノロジー | ●次世代のセキュリティー戦略による危機 |
| | 5：データ | ●事業変革の優先度に合わせたマスタデー |
| 実行 | 6：チェンジマネジメント | ●変革数値目標、推進体制、予算、タイムライン<br>●企業文化変革のチェンジマネジメント<br>●オペレーティングモデルの移行<br>●褒める文化<br>●失敗から学ぶ<br>●顧客目線<br>●組織健康度 |

出所）マッキンゼー

**（マッキンゼー独自フレームワーク）**

| ②本業の再定義・変革<br>（Transforming the core） | ③本業を超えたイノベーション<br>（Innovation beyond the core） |
| --- | --- |
| データの利活用による<br>トップライン成長 | ビジネスモデル変革による<br>新たな企業価値創造 |
| ● 本業DX（DTS）<br>—**S&OP**：利益を最大化するための販売価格・在庫・生産・調達最適化<br>—**生産系**：工場自動化・サプライヤー連携・匠のAI化<br>—**営業系**：デジタル営業・EC・デジタルマーケティング | ● 新事業DX（Leap）<br>—**R&D**：ポートフォリオ最適化・モノからコトへ移行する新規ビジネスモデル開発<br>—**エコシステム**：自社の競争力を補完する他社とのイノベーション創発・協業・顧客との共創<br>—**M&A**：買収・提携・JVによる新規事業 |
| ● **本業の変革・価値の再定義力の獲得・健康度の向上**<br>—**業務変革力**：DXによるBPR・ゼロベースでの業務再設計の力<br>—**データ活用力**：先読み経営・予兆把握に向けたデータ活用<br>—**組織健康度向上力**：アジャイル組織への転換・ジョブ制移行・評価再定義 | ● **イノベーションを生む力の獲得・企業文化の変革**<br>—**事業開発力**：ビジネスモデル構想力・ザイン思考・他社との共創・エコシステム・M&A<br>—**技術力**：次世代CTO能力・先端技術や業界のデジタル動向等のトレンド・イノベーション研究<br>—**人材開発力**：先端技術の目利きを行うアーキテクト・トランスレータ内製化・CoE・ラボ運営 |
| ● **本業の変革を支えるアーキテクチャー・基盤の整備**<br>—**セキュリティー**：自律型セキュリティー<br>—**SOI**：経営データ高度化と利活用、AI・機械学習・MLOpsによる価値創造と拡大<br>—**SOE**：UIUXの統合、ITシステム開発からクラウド・プロダクト開発への転換、DevSecOps整備<br>—**SOR**：基幹システムモダナイズ（受発注・生産・在庫・会計系の更新系API） | ● **イノベーションを支える基盤の整備**<br>—**ベンダー丸投げからの脱却**：技術を目利き・手の内化するアーキテクトの内製化<br>—**他社連携を支える技術基盤の拡充**：オープンソース・マイクロサービス・ブロックチェーン、Web3.0技術<br>—**エコシステムガバナンス**：エコシステム全体のセキュリティー・BCP・危機・リスク管理 |

社員の接点）、SOR：System of Record（業務トランザクションと台帳を管理する基幹系システム）

**図表4-10　DXがもたらす価値の創出：DXの進化段階図**

| | ①本業の足腰強化<br>(Fix the basics) |
|---|---|
| 全社戦略<br>(経営陣) | デジタル化による<br>コスト削減・生産性改善 |
| 事業戦略／施策<br>(ビジネス部門) | ● **軽いDX**<br>—**モバイルを活用したリモートとオフィスのハイブリッドな働き方**<br>—**クラウドアプリをフル活用してクイックウイン（“昭和”から“令和”へ）**<br>≫**見える化**：経営ダッシュボード等<br>≫**自動化**：業務デジタル化等<br>≫**最適化**：間接費削減等 |
| 組織能力<br>(デジタル部門<br>／人事部門) | ● **デジタルリテラシー獲得**<br>—**経営陣**：同床異夢解消・DX成功要諦理解・DXによる意思決定の高度化<br>—**部長陣**：DX食わず嫌い解消、抵抗勢力化の阻止・推進者への転換<br>—**現場**：DX苦手意識解消・クラウドツール徹底活用・DX効果実感 |
| テクノロジー<br>(IT部門) | ● **軽いDXの推進**<br>—**セキュリティー**：柔軟でセキュアな第三のクラウド用ネットワーク、BCP整備によるDXリスクの排除、クラウド・ローカル5G・ロボット等の徹底活用<br>—**アーキテクチャー**：軽いDXを先行実施せしめる設計（APIによるフロント・バック分離、データ利活用基盤整備を基幹刷新Pjtより先行） |

注）SOI：System of Information（データ利活用基盤）、SOE：System of Engagement（フロント（顧客・
出所）マッキンゼー

戦略が見えてくるだろう。

ＥＶにとっての「エンジン」が「ソフトウェア」だとすれば、大規模リスキリングや採用・育成など、会社の戦略も構造も大きく変えていくことになる。さらに、顧客や取引先、株主や社会に対してどう貢献するのか、持続的な成長のための差別化の源泉となる価値とは何か、どのように協力していけばよいかなど、各ステークホルダーとの対話によって、その戦略を磨きこんでいくことになる（**図表４－10**）。

**戦略とＤＸがもたらす新しい価値の創出**

では、実際にＤＸはどのような新しい価値を創出するのか。日本企業のＤＸの取り組みにおいては、ＤＸの目的やＤＸを通じて得られる新しい価値について明確に定義することが少なく、具体策や得ようとする価値をイメージすることが難しいケースが多く見られる。

そこでマッキンゼーは、ＤＸの進化のプロセスと価値の広がりを以下のようにまとめた。

現段階の日本企業では、図表４－10の②に示すＤＸによる本業の変革を通じた成長、あるいは③に示すＤＸを活用した新事業創出による成長を実現したケースは、少ないように見える。

成長を実現させるためには、ビジネス部門、各種サポート部門、ＩＴ部門が、同じ戦略や方向性にもとづき、一体となって取り組むことが肝要となる。そして、この戦略において最も重要な点は、自社の「今後の飯の種は何か」を明らかにすることである。「本業から離れた新規事業」の計画を立てても、新規事業だけでは、いきなりコア事業を凌駕するような大きな利益は生まれない。

自社の強みが活かせる周辺事業への参入や、製品・サービスの拡充などによる隣接領域への参入が成長をもたらすことは、第3章で述べたとおりである。そしてこの周辺領域への参入時、協力パートナーとのエコシステムを組むなかで、データの共有や管理、セキュリティー面なども含めてスムーズな事業展開とするためには、コアビジネスにおけるデータドリブンの実現が条件となる。

また、データドリブン経営を中長期戦略の中核に据えることは、ＩＴ導入やデジタル化を目的とした単なる技術的アップグレードではなく、ＤＸの本質である「デジタル技術による経営そのもの・ビジネスモデルの変革」を実現することを意味する。そのためにはビジョンを確立し、経営陣のコミットメントを明確に示したうえで合意形成を図ることが必須となる。

データ活用を通じてＤＸに成功している企業の多くは、小手先のＩＴ導入ではなく、本業のあるべき姿の見直しやコスト削減、売上拡大による基盤強化、アナリティクス技術を活用した新事業の創出を行っている。今後ますますデータの重要性が増すなかで、あらためて戦略を見直す必要がある。

ここで、ファイザーの例を取り上げてみたい。なぜ伝統的大企業のファイザーがテックベンチャーのモデルナと同じ速さでワクチンを開発できたのか。それはファイザーが本業の創薬領域においてデータドリブン経営を実現していたからにほかならない。

ファイザーは製薬業がＩＴ・データ産業になることを早くから察知し、創薬プラットフォームの完全デジタル化・自動化を行っていた。同時に、社内に多くのデータサイエンティストを抱え、ＡＩによる経営の意思決定支援や優秀な研究者が世界中でコラボできる仕組みを整えてもいたのである。

２０１８年にパートナーシップを結んだドイツのビオンテックが持つｍＲＮＡベースの創薬技術を、この仕組みにスムーズに取り込めたことが、コロナ禍においてワクチンの早期開発を実現させたのだ。

もちろん、２０１８年時点でＣＯＶＩＤ－19を予測していたわけではないが、データを活用した新しい創薬技術・創薬手法をいち早く培っていたファイザーの戦略性は高く、結果として2020年から21年で、全社の売上を約2倍に成長させた（2020年420億ドル→2021年810億ドル）。

ファイザーのみならず、データドリブン経営に成功している企業では、全社的なデータ戦略にもとづき、AIを経営の意思決定に組み込んでいる。その効用は意思決定におけるスピードと質の改善であり、結果として製品・サービス・ビジネスモデルのイノベーション実現につながり、それによって競合他社との明確な差別化を図ることにも成功している（**図表4－11**）。

同時に、戦略を立案する際には、必ずPL（損益計算書）およびBS（貸借対照表）／CF（キャッシュフロー計算書）を確認することを忘れてはならない。また、新たな挑戦に取り組む際には必ず定量目標を立てる必要があることについて、嫌悪感を覚える人もいるかもしれないが、その点についても各社はさまざまな工夫をしている。

例えば、グーグルやマイクロソフトでは、データ活用業務において明確な定量目標を設けない基礎研究と、PLを厳密に管理する業務とのバランスを、だいたい2対8の割合で維持するようにしている。

## 図表4-11　データドリブン経営の成功要因

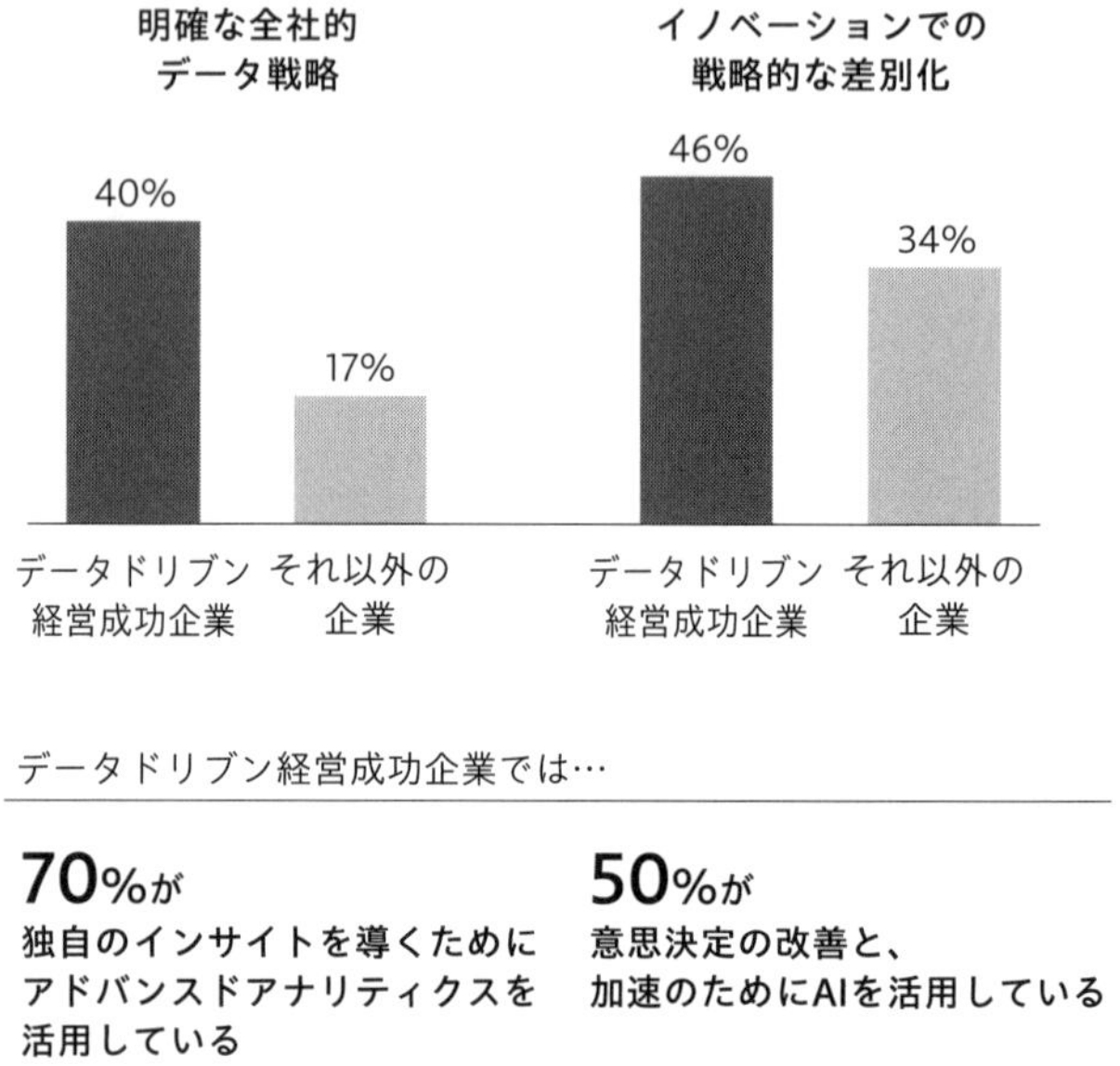


注）各項目に注力していると回答した企業の割合、複数回答可
出所）マッキンゼー・グローバル・サーベイ（2022年）、75カ国、1,000人のビジネスリーダーが回答

このようにして、現時点では定量目標を設定しない余地を残しつつも、事業の多くを厳格に管理している。組織には、基礎研究とビジネス成果へのコミットの両面において、バランスを取りながら健全な成長を実現することが求められているのである。

### ②データドリブン経営を有効に機能させる要素

#### 明確なビジョン確立による合意形成

目的地を設定せずに走り出せば迷走してしまうのと同様に、明確なビジョンがなければ方向性を見失い、望む成果を得られないまま頓挫する可能性は高い。

そのため、明確なビジョンを掲げて成功の到達点となる売上目標やコスト削減目標など、具体的なＰＬおよびＢＳ／ＣＦの財務的収益と社会的・環境的インパクトを明示することが重要である。

加えて、経営陣自らがコミットメントを明示したうえでスタート地点に立つことも重要である。また、インパクト投資を定量評価し明確な目標を設定することは不可欠であり、データ活用施策から得られるＲＯＩ（投資利益率）を正しく把握することが可能になる。

それによって、経営陣、施策責任者、現場メンバーといった関係者それぞれが何を達成すべきかが明確になり、同じ目標に向かって関係者全員が一丸となって進むことが可能となる。そして、施策の責任者となるリーダーたちに対して求める成果を示すこともできるようになる。

### 経営陣の率先垂範・コミットメント

経営陣や部長などのリーダーが立案した戦略やビジョンを、真に実行可能な施策に落とし込むためには、現場のメンバーも巻き込んで賛同を得て、目標達成に向けて現場のメンバー自身が自らの意志で積極的に関与し、責任を果たすよう動機づけることが肝要である。

現場で日々奮闘するメンバーが主体的に取り組む姿勢を持たなければ、現場には「やらされている感」が充満し、さまざまな不満や意見が積み重なって、「目標達成は難しい」という雰囲気を組織全体で醸し出す結果となってしまう。このような状況になれば、当初は意欲的であったリーダーたちも、施策を断念せざるを得ないことになりかねない。

現場メンバーがリーダーと目標を共有し達成に向けた行動を取るためには、部下任せにするのではなく、リーダー自らが率先して行動することが必要不可欠となる。

リーダーの行動が、組織やチームに勢いや推進力を生み出し、目標達成に向けた弾みを形成することにつながるのである。

マッキンゼーの調査によれば、成功企業は、データドリブン経営のビジョンや戦略について、経営陣すべてが同じ理解と認識を共有している割合が、同業他社の2倍に上ると出ている。これらの企業では、上級管理職がデータ活用を、特定の事業部門や機能だけでなく、すべての業務に適用するという明確な目標を設定しているのである。

結果として成功企業は、三つ以上の機能分野にデータ活用を適用している可能性が、同業他社よりも3・5倍高くなっている（**図表4―12**）。このようなデータドリブン経営では、主導的な役割は経営トップが果たすが、組織構造の奥深くまでコミットメントを浸透させる必要がある。

成功企業は、経営陣の強力な合意に加え、現場レベルの賛同を得ることの重要性も理解している。調査によると、成功企業の57%は、競争力を維持するためには中間管理職がデータ活用を主導する組織となることが不可欠と考えており、この数字は他の回答者のほぼ2倍となっている。

## 図表4-12　データ活用における成功企業コミット率

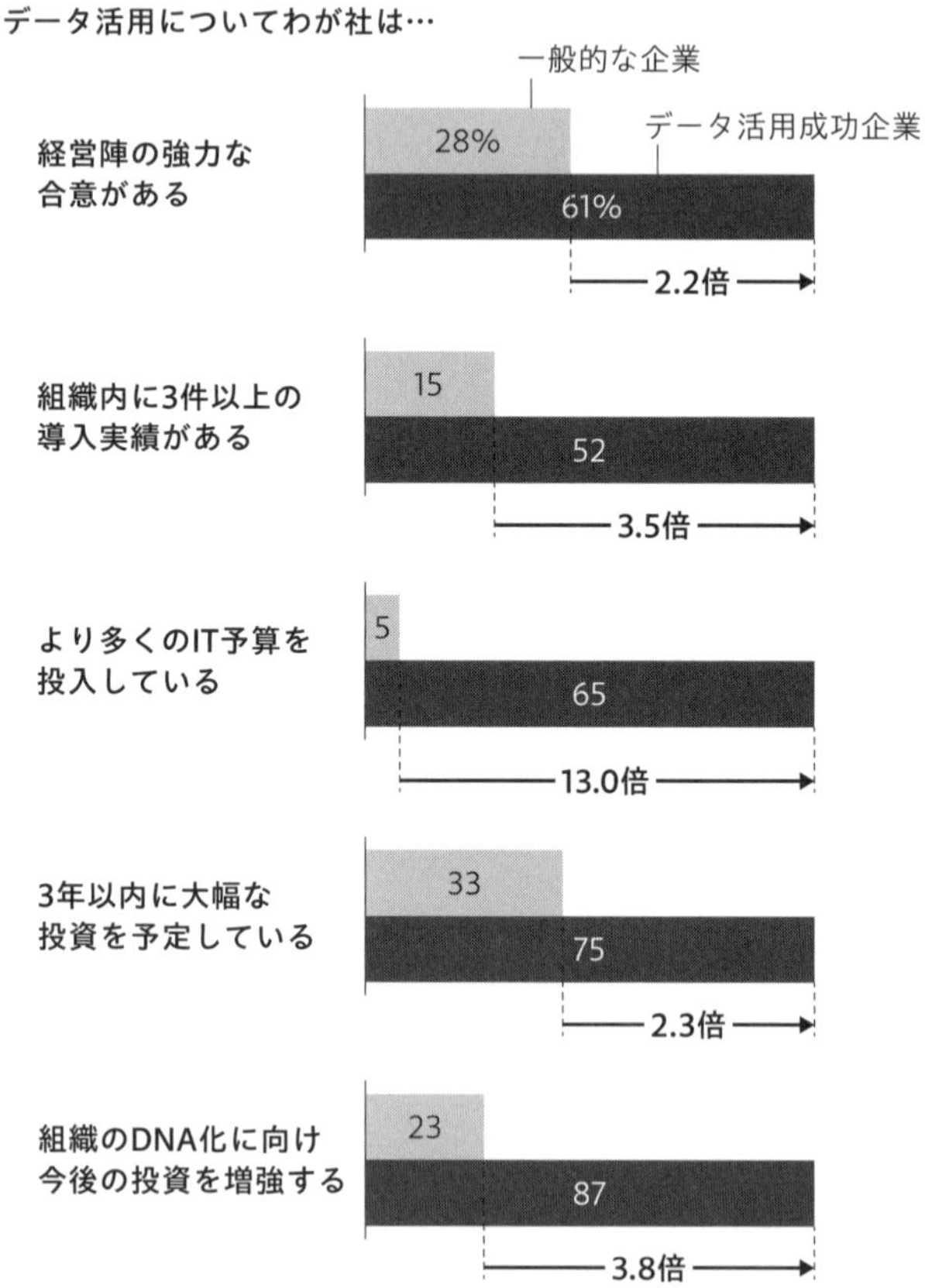


注）データ活用に成功した企業と一般的な企業のアンケート結果比較
出所）Breaking away：The secrets to scaling analytics、マッキンゼー

## 正しいクイックウィンの設計

インパクト投資を定量的に評価し目標を設定するためには、施策を実行し課題を解決することでどの程度のインパクトが期待できるのか、また、インパクトに対しどのようなKPI（重要業績評価指標）を設定するのか、さらにはそのKPIをどのような方法で評価するのかなど、施策ごとに検討する必要がある。

加えていえば、実行可能性（容易性）を考慮して、早期のうちに大きな価値を生み出すことのできるクイックウィン施策から取り組むことが望ましいと考える。

組織にとって初めてのデータ活用への取り組みは、周囲から冷ややかな目で見られることも大いに考えられる。結果が出ない状況が続けば、せっかくのデータ活用の機運がしぼんでしまうことにもつながりかねない。

そのためにも、クイックウィン施策から取り組みを始め、将来のアナリティクス投資に対する機運を高めながら、周囲の賛同を得ていくことが重要である。

さらに、サプライヤーからの購入やアフターサービスまで、ビジネスのバリューチェーン全体を分析し、最も高い価値が得られる領域を特定することも必要となる。

### ③経営トップから現場まで――一貫した組織能力の構築

組織能力構築のためには、経営陣も含めてまず専門知識を有するデジタル人材の確保が必須となる。

組織能力を向上させるためには、「人材を確保できない」ことが大きな課題に挙がってくる。これは乗り越えなければならない課題である。DXを使って成長を加速させるための仕組みを導入することや、要素技術を活用することによって、イノベーションを生み出す組織に生まれ変わることができる。

抜本的な評価給与体系の見直しを行い、外部人材の登用や内部での人材育成を推進して、DX推進を支えるビジネストランスレーター（経営者・一般社員とデータサイエンティストの橋渡し役）を数多く確保することも重要となる。そのほかにも、縦割り組織の見直しなど、多くの課題に対処する必要がある。

### データドリブン経営に必要な「7人の侍」

マッキンゼーの調査で、データドリブン経営に成功している企業とそうでない企業の間で非常に大きな差が出たのが、「経営陣のうち何人がデジタルデータ・DXなどの

**図表4-13　成功企業における経営幹部のテクノロジー精通度**

**テクノロジーに精通した経営幹部の人数別比率（%）**

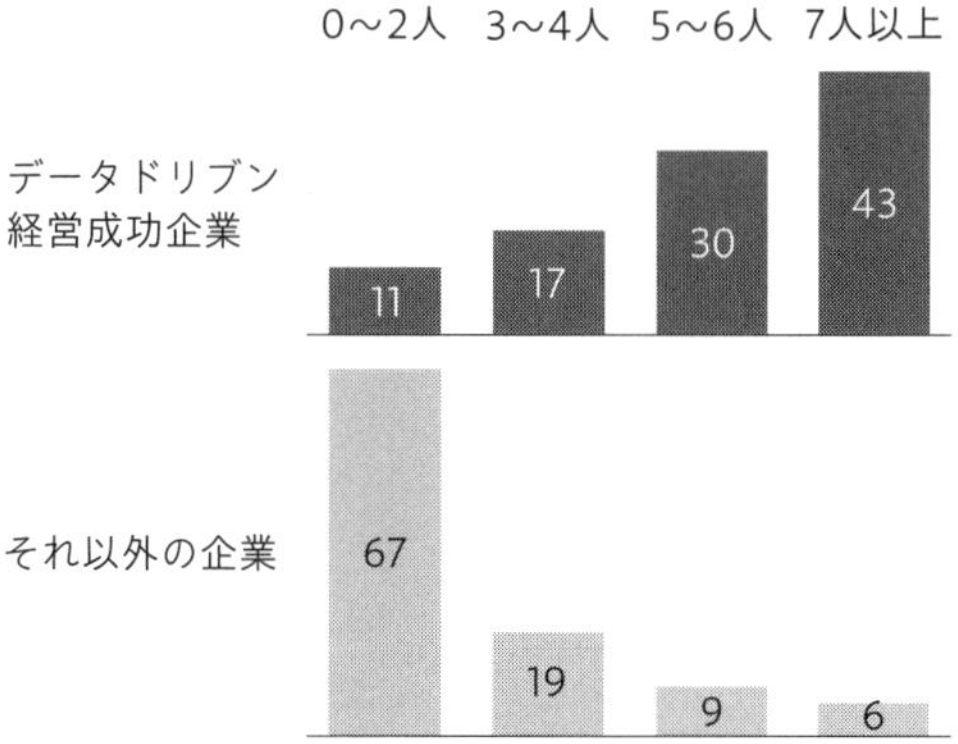


**データドリブン経営成功企業では**

**7人以上の経営幹部がテクノロジーに精通している**

**CDO（最高デジタル責任者）、CIO（最高情報責任者）、**
**CEO、CSO、CFO、COO、CHRO**
**ビジネスの執行役員**

出所：マッキンゼー・グローバル・サーベイ（2022年）、75カ国、1,000人のビジネスリーダーが回答

テクノロジーに精通しているか」という問いであった。

成功企業では7人以上、成功に至っていない企業では0から2人という回答が最も多かった（**図表4－13**）。つまり成功企業ではCIOやCDO等のテクノロジー専門の役員に加えて、CEO、CSO、そしてCFOやCOOなど、オペレーション担当の役員も含めて多くの経営幹部がテクノロジーに精通しているのである。その結果、正しく速い投資配分の意思決定ができている、ということになる。

ある米国の大手銀行は、データ活用の専門知識をビジネスリーダーの必須スキルとし、経営トップばかりでなく、数百人のビジネスリーダーを含む経営幹部全員が、データ活用に関する知識やスキルの習得に取り組んでいる。

マッキンゼーでは経営幹部のためのデジタル・トレーニング（DTLE：Digital Transformation Leadership Essentials）を2017年から実施しているが、これは同一組織内の経営陣10～20人に向けて5カ月のトレーニングを行うことで、組織・経営としてのデジタルスキルの向上を図り、データドリブン経営の実現に資することを目指すものである。

経営幹部以外のデジタル人材については、最高デジタル責任者（CDO）と最高人事

**図表4-14　データドリブン経営に必要な人材の定義**

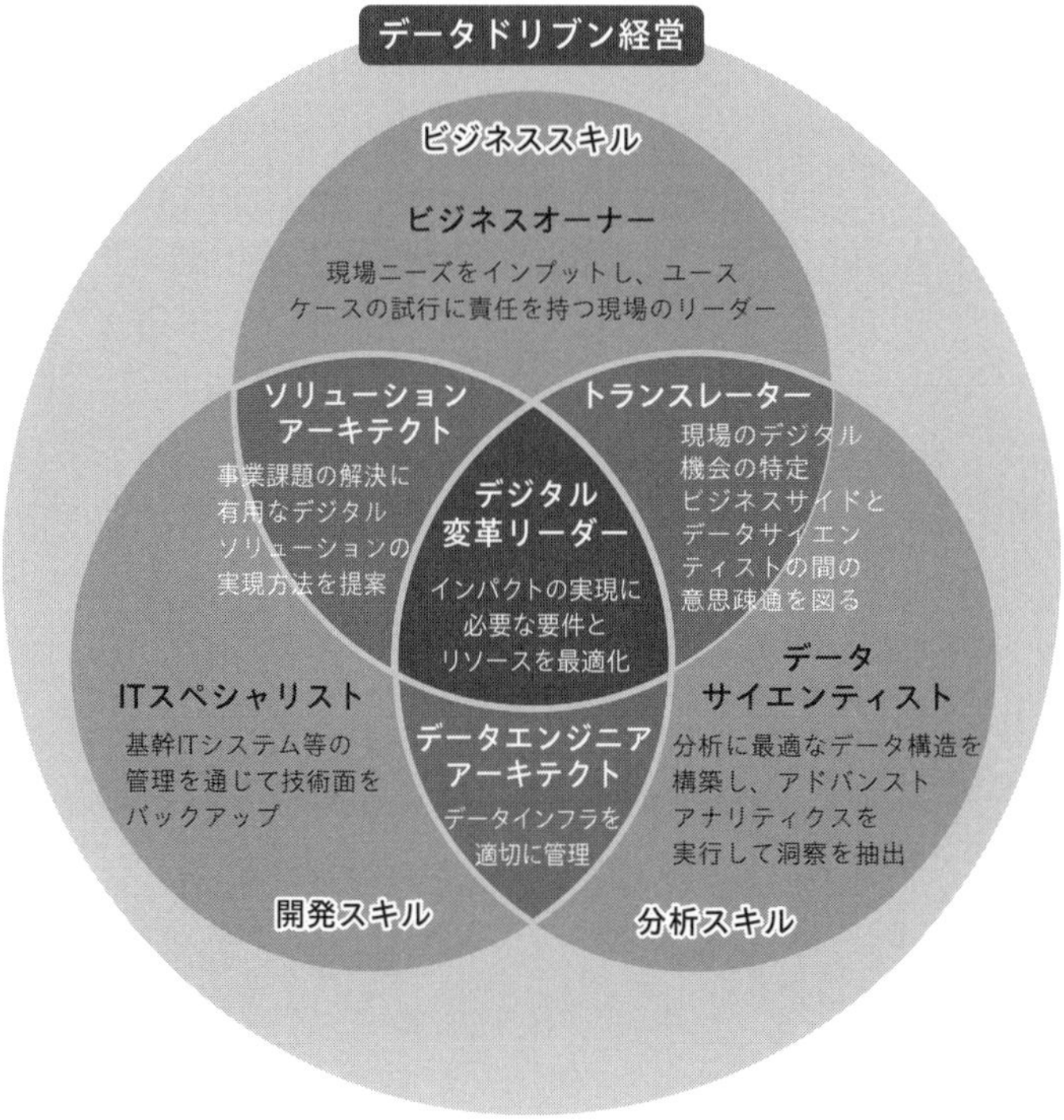
データドリブン経営
ビジネススキル
ビジネスオーナー
現場ニーズをインプットし、ユースケースの試行に責任を持つ現場のリーダー
ソリューションアーキテクト
事業課題の解決に有用なデジタルソリューションの実現方法を提案
トランスレーター
現場のデジタル機会の特定
ビジネスサイドとデータサイエンティストの間の意思疎通を図る
デジタル変革リーダー
インパクトの実現に必要な要件とリソースを最適化
ITスペシャリスト
基幹ITシステム等の管理を通じて技術面をバックアップ
データサイエンティスト
分析に最適なデータ構造を構築し、アドバンストアナリティクスを実行して洞察を抽出
データエンジニアアーキテクト
データインフラを適切に管理
開発スキル
分析スキル

出所）マッキンゼー

責任者（ＣＨＲＯ）が、データドリブン経営に必要なさまざまな職務要件の作成を主導する。

部署ごとに必要となる能力と役割を慎重に定義し、外部人材の登用や、内部での人材育成を推進するのだが、特にここではＤＸ推進を支えるビジネストランスレーターを数多く確保することが鍵となる（**図表４－14**）。

## イノベーションとテクノロジーへの投資の実行

データドリブン経営に成功している企業の多くが、イノベーションのための専門部門の設置やテクノロジー領域のＲ＆Ｄなど、成長を実現するための組織能力獲得に向けた投資に力を入れている。

また、成功している企業の７割が、既存の製品のサービスや商品力を強化するためのソフトウェアを開発し活用している。

日本でも「モノからコト」といわれて久しいが、世界では驚くべき速さでこのシフトが進んでいる。

また、自社でソフトウェアを開発し、スピード感を持って世の中に出すことで進化させ続けた結果、データドリブン経営の成功企業では、１年前には存在しなかった商

**図表4-15　成功企業のソフトウェア活用による新事業創出**

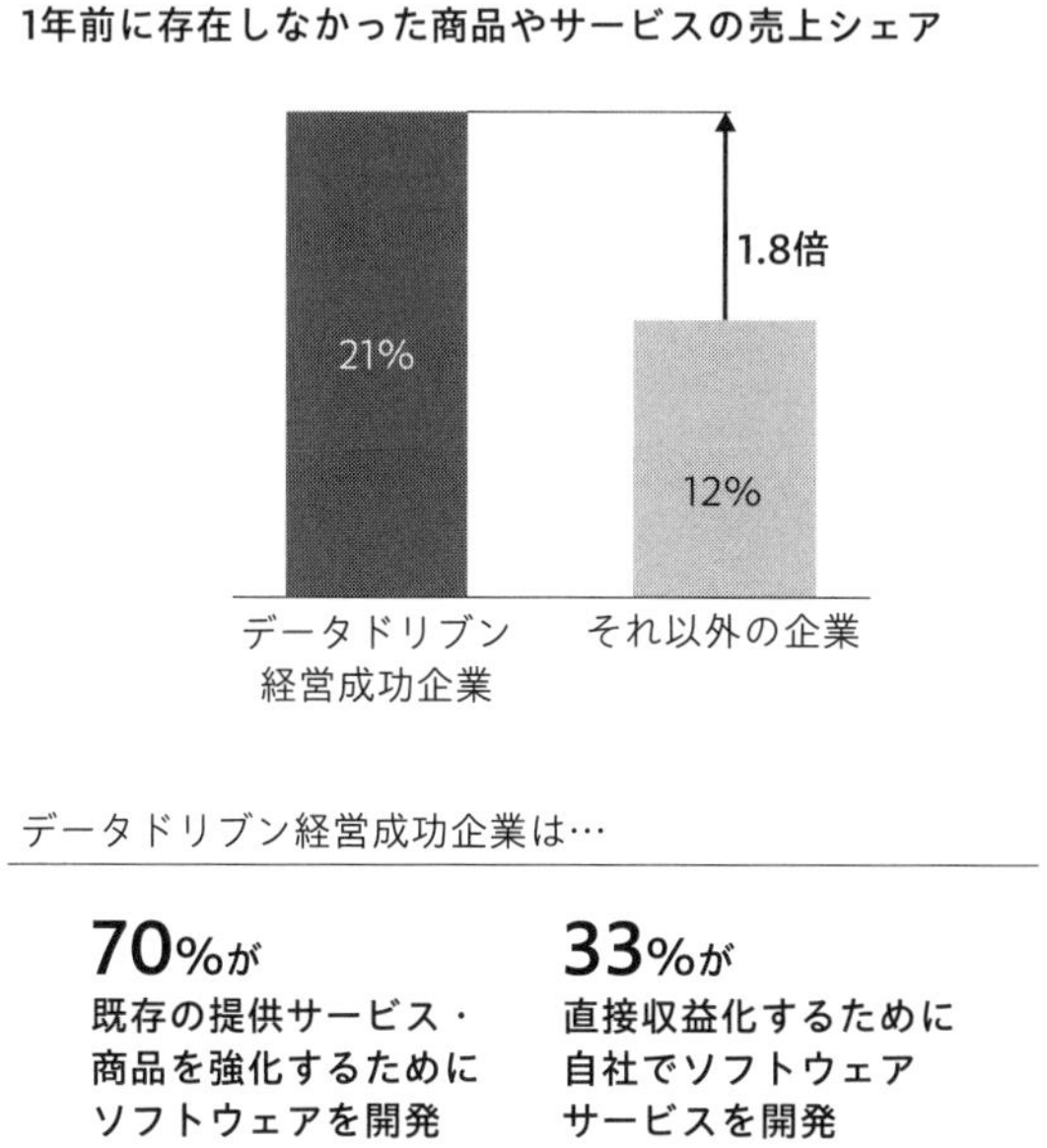


出所）マッキンゼー・グローバル・サーベイ（2022年）、75カ国、1,000人のビジネスリーダーが回答

品の、売上に占める割合が2割を占めるまでになっている（**図表4－15**）。

さらには要素技術の活用、なかでも「クラウド」「自動化」「内製化」の三つの技術活用におけるデータドリブン経営の成功企業と成功に至っていない企業の差も大きい（**図表4－16**）。

**クラウド**　成功企業では、自社内でシステムを管理・運用する旧来のやり方から脱却し、クラウドの積極的活用でイノベーションの高速化を図っている。

**自動化**　実社会で高速オペレーションによるテストと検証を繰り返し、製品・サービスの向上を図っている。このプロセスを自動化することで、成功企業のＡＩの学習は加速度的に進んでいる。

**内製化**：ソフトウェアの内製化率は、日本は3割程度であるのに対して先進国は7割を超える。成功企業の多くがソフトウェアやＡＩは差別化の源泉と考え、積極的に自社開発を進め、そのための人材を獲得している。

**図表4-16 「クラウド」「自動化」「内製化」でテクノロジー能力をアップ**

- **2倍** 疎結合型アーキテクチャーへの刷新と**パブリッククラウドの急速採用**
- **2倍** DevOpsやMLOpsによる**高速反復検証プロセス**の整備
- **>1.5倍** 自動化プロセスによる**ソフトウェア開発の内製化**

出所）マッキンゼー・グローバル・サーベイ（2022年）、75カ国、1,000人のビジネスリーダーが回答

## データ活用の実現につながるガバナンスの仕組み

優れた人材の育成・確保に加え、組織のなかにデータ活用を推進するための協力的なチームを構築する必要がある。これらのチームは、非常に優れたビジネスオーナー、トランスレーター、ユーザーエクスペリエンス（ＵＸ）デザインの専門家、ＩＴスペシャリスト、データサイエンティストで構成され、多くの場合、アジャイルチーム（プロジェクトの成功に向けた異なるスキルを持つ専門家チーム）での協働が奨励されている。

しかし、単にチームを編成しただけでは実行されないのが現実である。このような場合、社長や役員会が、データ連携に関連する項目を評価指標と明確に定義し、経営ＫＰＩとし

て掲げるなど、チームの協力を促す工夫が必要になる。

例えば、ある通信事業会社で、金融業とコマース業の顧客が分断されている場合は、カスタマーエクスペリエンス（CX）を重視してユーザーパーミッション（顧客から明示的に許可を得て、その顧客の個人情報や行動履歴などを収集・利用すること）を取得したとしても、データの融通による横断的な連携を実現することは容易ではない。

したがって、コマースで保有する顧客IDを金融商品提案に活用するためには、それなりの役務収益や人事報酬の設計が必要となり、さらには役員会での社長レベルのコミットメントも必要になる。

そのため、経営KPIには、データドリブン経営のみならず、データ連携された場合の人事評価を考慮したガバナンスの設計も含める必要がある。

### ④組織内での納得感深化による実行の推進

最後のステップとして、データから得られた示唆にもとづいた新たな業務プロセスを確実に定着させ実行する必要がある。そのためにはデータ活用を、日々の業務に「組み込む」ことが求められる。

マッキンゼーの調査では、データドリブン経営に成功している企業と成功に至って

## 図表4-17　成功企業のデータ活用に関する投資と行動

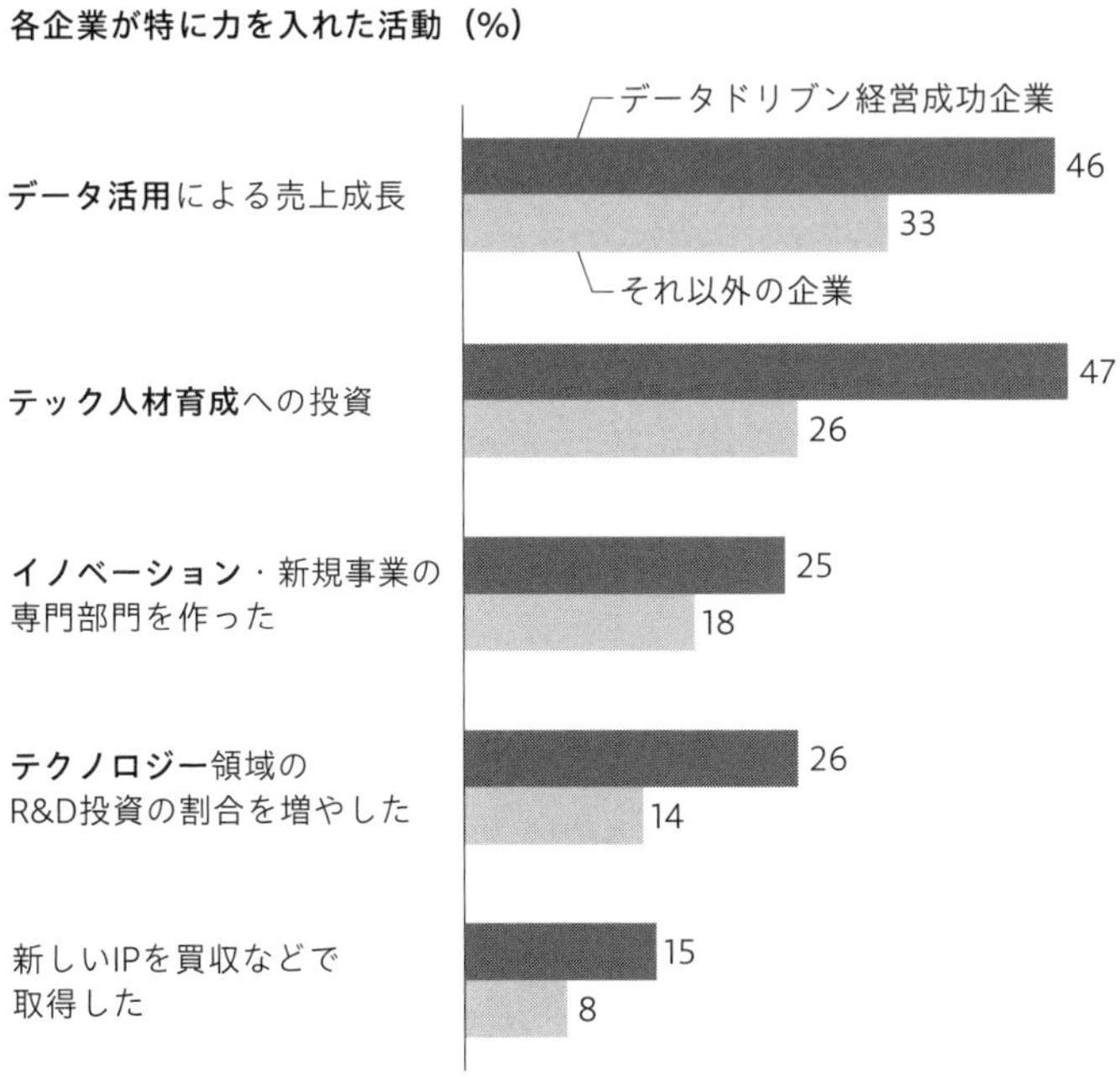


出所）マッキンゼー・グローバル・サーベイ（2022年）、75カ国、1,000人のビジネスリーダーが回答

いない企業の間には、実行に向けた投資額に大きな差があることが明らかになっている。データドリブン経営に成功している企業の90％近くが、ＩＴ予算の半分以上をデータ活用の日常業務への組み込みに充てている一方、成功に至っていない企業の約80％は、ＩＴ予算の半分以上をデータドリブン経営の実行以外に投資していることが明らかになった。

また、２０２２年に実施したマッキンゼー・グローバル・サーベイが明らかにしたのは、データドリブン経営に成功している企業は成功に至っていない企業に比べて「データ」「人材」「イノベーション」「テクノロジー」の四つの分野に特に力を入れた活動・投資をしているということであった（**図表4－17**）。

企業としての戦略的な投資に加えて、組織内でこれらの活動に関する前向きな共感を醸成することが、実行するうえできわめて重要となる。

経営者や経営チームのメンバーには、企業として真に解決すべき課題と達成目標を自らの領分としてとらえ、それらを正確かつ確実に伝えるために、十分な知識を裏づけに具体化・言語化する能力を身につけ、そのうえで率先垂範の行動が求められている。

マッキンゼーは、データドリブン経営の本質を、「生き残りをかけた、自社の企業文化の創造的な破壊・進化による企業価値の向上」だと考えている。データを活用して、バリューチェーンやビジネスモデルを再構築し、データドリブン経営を実現することが、グローバルでの成長につながることは間違いない。

ここで紹介したデータやＡＩの持つ新しい力と、日本企業が本来持っている特性を融合させることで、日本発のグローバル企業が、世界でさらにその存在感を発揮できるようになることを信じている。

# 第5章

# 「個」の力を最大化する組織

ポートフォリオの刷新やデータ活用を、実際に意思決定し、アクションを進めて成果につなげていくのは、「人」であり「組織」である。本章では、グローバル企業として新たな価値を創出するために必要な、人材と組織のあり方について解説する。

変わり続ける事業環境のなかで、必要な人材は常に変化する。ポートフォリオを継続的に刷新し、データ活用を通じたバリューチェーンを進化させていくためには、従来とは違う新たな能力を持つ人材が求められる。同様に、組織も時代の変化に合わせて、さらには先取りして柔軟に変化すべきものととらえることで、変革し続けられる強さを獲得する。

変革のために求められる人材と新しい時代に適合した組織は、いずれも柔軟に進化し続けなくてはならない。組織と人材が相互に関わり合いながら変化し成長を続けることこそが、グローバルでの価値創出につながる。

## 1　組織改革と人材育成による企業変革の実現

日本発のグローバル企業の変革の道筋には、組織や人材に関して多岐にわたる課題が存在する。

「優秀な次世代リーダー候補が不足している」「海外で現地の人材を採用したが、なかなか定着しない」「日本本社と、海外の支社や事業拠点の間で信頼関係が築けない」「海外事業がブラックボックス化している」「本社やグループとして大事にしている価値観やビジョンがグローバルで十分に共有されていない」「変化に対応するためのスピーディな意思決定がなかなかできない」「英語を使うことに対するハードルが依然として高い」など、企業のトップが抱える悩みは尽きない。

この章では、企業変革の実現に向けて組織と人材に求められる要件と、その要件を満たすための方策について紹介したい。

## (1) 企業変革を成功に導くための鍵

多くの企業が、さまざまな課題を抱えながらも変革に取り組んでいるが、実は変革の成功率は30%にも満たない。いわずもがなであるが、変革を成功に導くには、戦略を策定し変革をリードする経営人材と、それを支える柔軟かつ強靭な組織が必要である（**図表5－1**）。

## 図表5-1　変革を阻害する要因

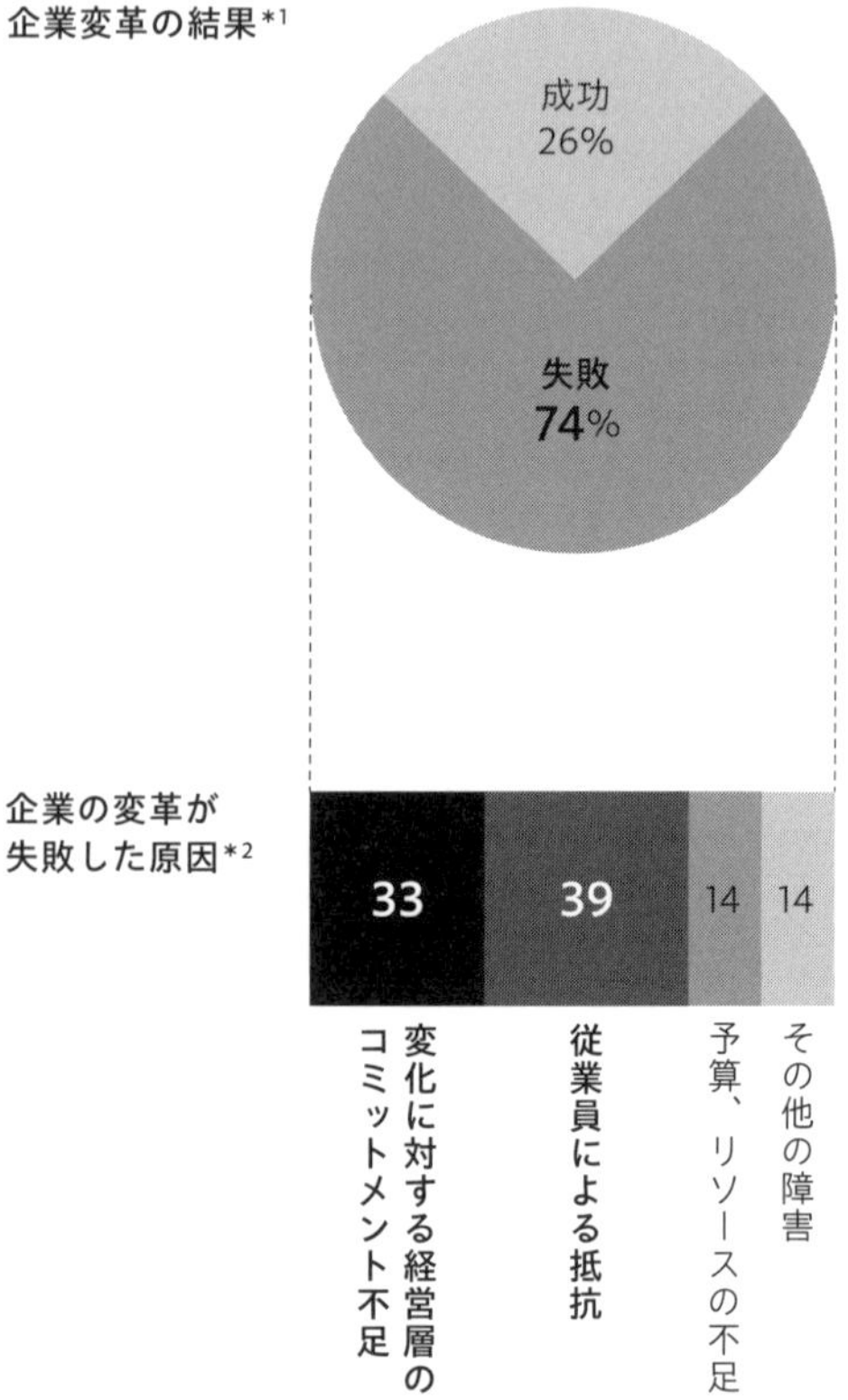


*1　Scott Keller and Colin Price, “Performance and Health: An evidence-based approach to transforming your organization”（2010年）

*2　Management literature reviewの分析より

2023年4月に、マッキンゼー・グローバルとして、2500名を超えるグローバル企業のCEOおよび経営チームのメンバーに対して、組織と人材における課題や優先テーマについての分析を行った。

この分析から、コロナ禍やその他環境変化が大きく影響したこの数年を振り返り、また変化の質量ともに上がっていく今後の環境を見据えて、実に50%以上の回答者が、将来の変化に対する対応力に不安を抱えていることがわかった。

さらには、三分の二の回答者が、「現在の自社の組織は、過剰に複雑であり、非効率である」と答えている。

この調査が明らかにした、グローバル企業の経営者が2023年初頭時点で認識していた、今後さらに進化・変革していくために求められる10のテーマを、図表5－2に示す。この調査から見えることは、グローバルでの躍進企業であっても、現在の状況に慢心せず、常に人材や組織に重要な課題認識を持ち、自社の戦略や市場環境に応じてさらに進化することに取り組んでいる、ということである。

では、日本発のグローバル企業は、組織や人材をめぐる新たな課題に直面するなかで、どのように組織と人材を強化していくべきか。まず、組織の観点から見ていく。

**優秀な人材獲得のためには給料、ワークライフバランス、専門能力開発の機会、パーパスを個人に合わせてカスタマイズする必要がある**

**39%**

7カ国で行われた最近の調査では、回答者の39%が今後3～6カ月以内に仕事を辞める予定であると回答

**競争優位性を高めるには、人材・プロセス・テクノロジーの3点セットを構築する必要がある**

**5%**

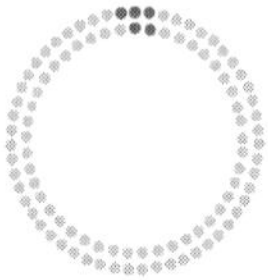

自身が所属する組織の能力が今後数年間の変化に備えられていると答えたのは回答者のわずか5%

**メンタルヘルスと健康の課題の根本原因に対して、一過性の対処方法ではなく、体系的に投資・解決していくことが求められている**

**4x**

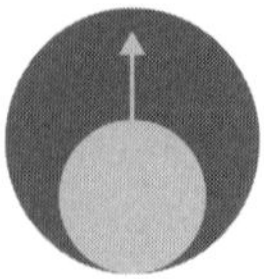

メンタルヘルスと健康の問題を抱えている従業員は、他の従業員よりも組織を辞めたいと思う可能性が4倍高い

**組織に対する信頼を高め、従業員に権限を与えることで、組織の健全性の向上、株主へのより高い利益、より迅速な意思決定をしていくべき**

**40%**

全体の40%が、組織の複雑な構造が非効率の原因（不明確な役割と責任による）であると指摘している

## 図表5-2　今日の組織変革に求められるもの

**パフォーマンスを高めるために、さらなるスピードとレジリエンスが求められる**

50%

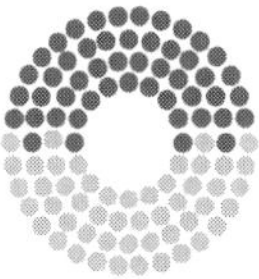

2020-21年の景気回復期に、回復力のある企業は回復力の低い同業他社よりも50%高いTSRを生み出した

**従業員がいつ、どこで、どのように働くかの選択肢を用意するべき**

>4 of 5

過去2年間ハイブリッドモデルで働いていた従業員5人中4人以上が、現在の働き方を維持したいと考えている

**組織はAIを企業文化に組み込み、AIに精通したリーダーを雇用・育成し、リスクと倫理的懸念について熟慮すべき**

3.8

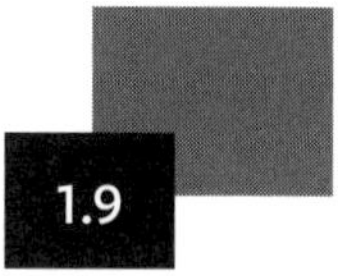


2022年に組織が使用したAI機能（自然言語など）は平均3.8件に上り、2018年に使用された1.9件の倍になった

**組織は優秀な人材を最も価値の高い役割にマッチングさせる方法を見つける必要がある**

800%

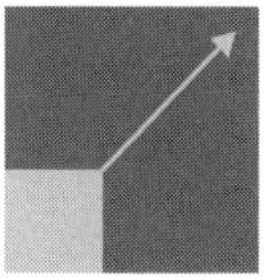

ある役割において、最も優秀な人材は、平均的な人材より800%効率が高い

**リーダーは長期的視点のもと、大規模なチームを率い、チームのネットワークを築くために必要なリーダーシップスキルと考え方を備えるべき**

25%

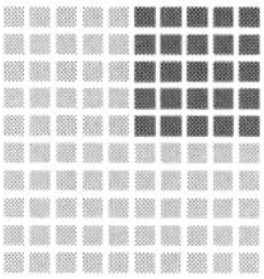

自分の組織のリーダーは積極的で情熱があり、可能な限り従業員にインスピレーションを与えていると答えているのは、全体のわずか25%

**DEIプログラムの目的と望ましい影響レベルを考慮し、早い段階でより体系的に行動することが求められる**

>70%

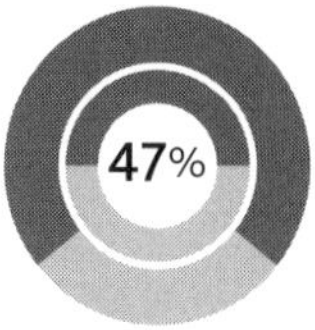


全体の70%が、自分の組織は変革的なDEIへの強い志を表明していると答えている一方、それを実現するためのインフラがあると答えたのは47%のみ

注）DIE：ダイバーシティ＆インクルージョン
出所）マッキンゼー The State of Organizations

## (2) 組織として満たすべき要件

マッキンゼーは、日本のみならず世界中のさまざまな企業への支援や協働に携わるなかで、継続的な進化・変革を実現するためには「業績」と「組織健康度」の双方を高めることが重要であると、説いてきた。

業績とは、目に見える結果・指標であって、売上、利益、生産性指標、株価など、数値で測定できるものがこれにあたる。これまで述べてきた内容を、実行に移し完遂することで、これら指標を短中期的に向上させることが可能となる。

しかし、業績だけに着目して企業の変革を進めても、一過性の成果を得るにとどまる場合が多い。長期的な向上を目指すために、文字どおり、組織として健康体であるかどうか——ベクトルが同じ方向を向き、実行力を発揮し、外部環境の変化とともに組織として進化する能力があるか——を示す「組織健康度」を同時に高めていくことが必要であり、これを達成して初めて真の変革を実現することが可能となる（**図表5－3**）。

図表5-3　業績と組織健康度の両立が重要

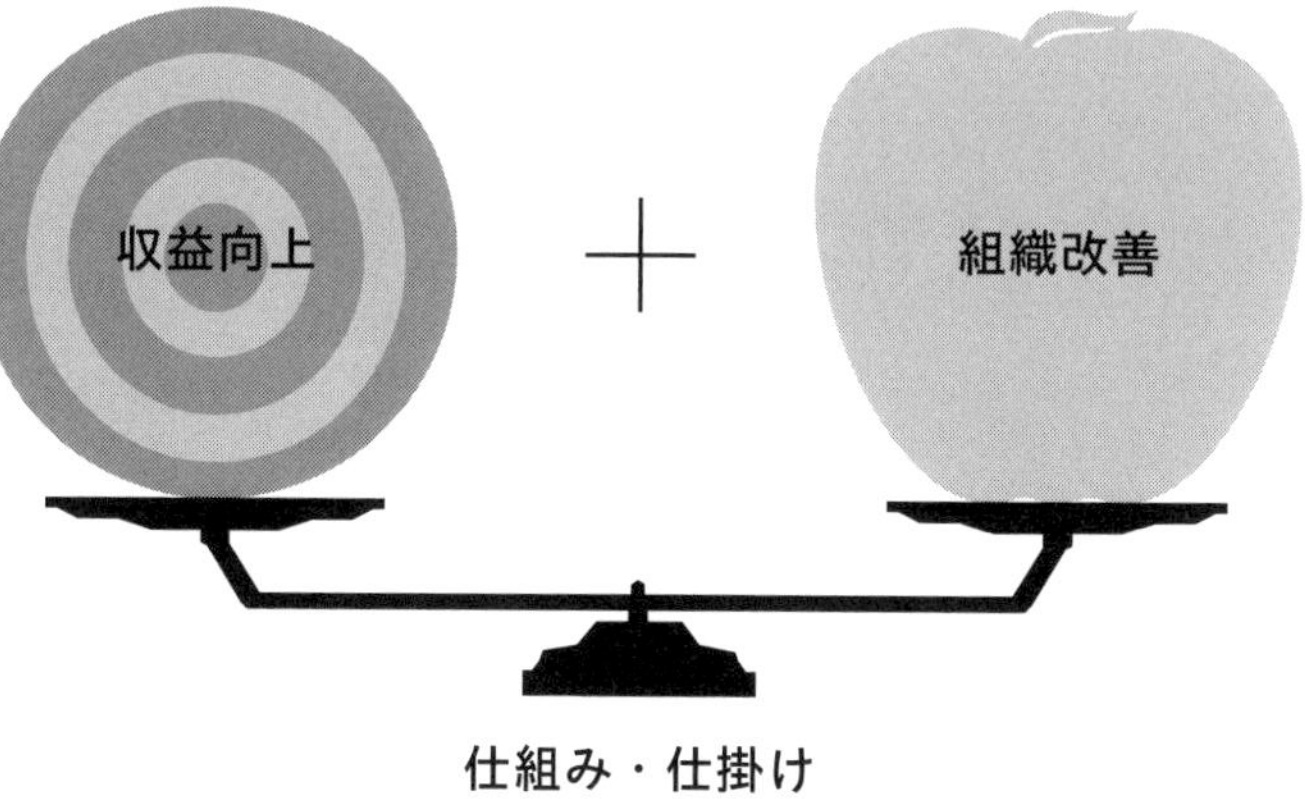


出所）マッキンゼー

### ①組織の底力を示す「組織健康度」

組織健康度調査は、従業員エンゲージメント調査や従業員満足度調査と似たようなものと思われがちだが、実際には大きく異なる。

従業員エンゲージメント調査は、従業員の所属する企業への信頼度や企業に対する貢献意欲の度合いを測るものであり、一方の従業員満足度調査は、企業の方針や制度、働きやすさに対する満足度を可視化するものである。

どちらも、その指標が高いほど企業経営におけるポジティブな効果が期待できる。ただし、これらの指標は他企業と比較した相対評価ではないため、他社を含めた社会全体での自社の立ち位置が把握できるものではない。加えて、長期的な企業の繁栄や成功にとって、従業員の企業への貢献意欲や満足度が、どの程度関係しているのかという点も浮かび上がってこない。

そこで、ベンチマークとして活用できるのが、マッキンゼーが開発した「組織健康度指数（Organizational Health Index：ＯＨＩ）」である。これは、自社従業員のエンゲージメント度合いを実際の結果や活動の観点から計測し競合他社と比較する手法である。ＯＨＩは、これまで日本を含め世界で２５００社以上の企業の従業員７００万人を対象として（組織の成長に）活用されてきた。

マッキンゼー自体も、ＯＨＩを社内で活用しており、定期的に自社のよい点・改善すべき点を見える化し、世界で４万人を超える全社員に共有して、よりよい組織運営につながるアクションを実践している。

「組織健康度」は９つの指標で構成される。これらの指標は、マッキンゼーが、世界の主要産業数百社の企業データをベースに、企業の中期・長期にわたる業績と健康度の相関関係を分析し、持続的な業績向上に最も影響が高いと特定した要件にもとづくものである（**図表５－４、５－５**）。

マッキンゼーの調査から、「組織健康度」が高い企業は他の企業に比べ、より高い

図表5-4　組織力を規定する9つの指標

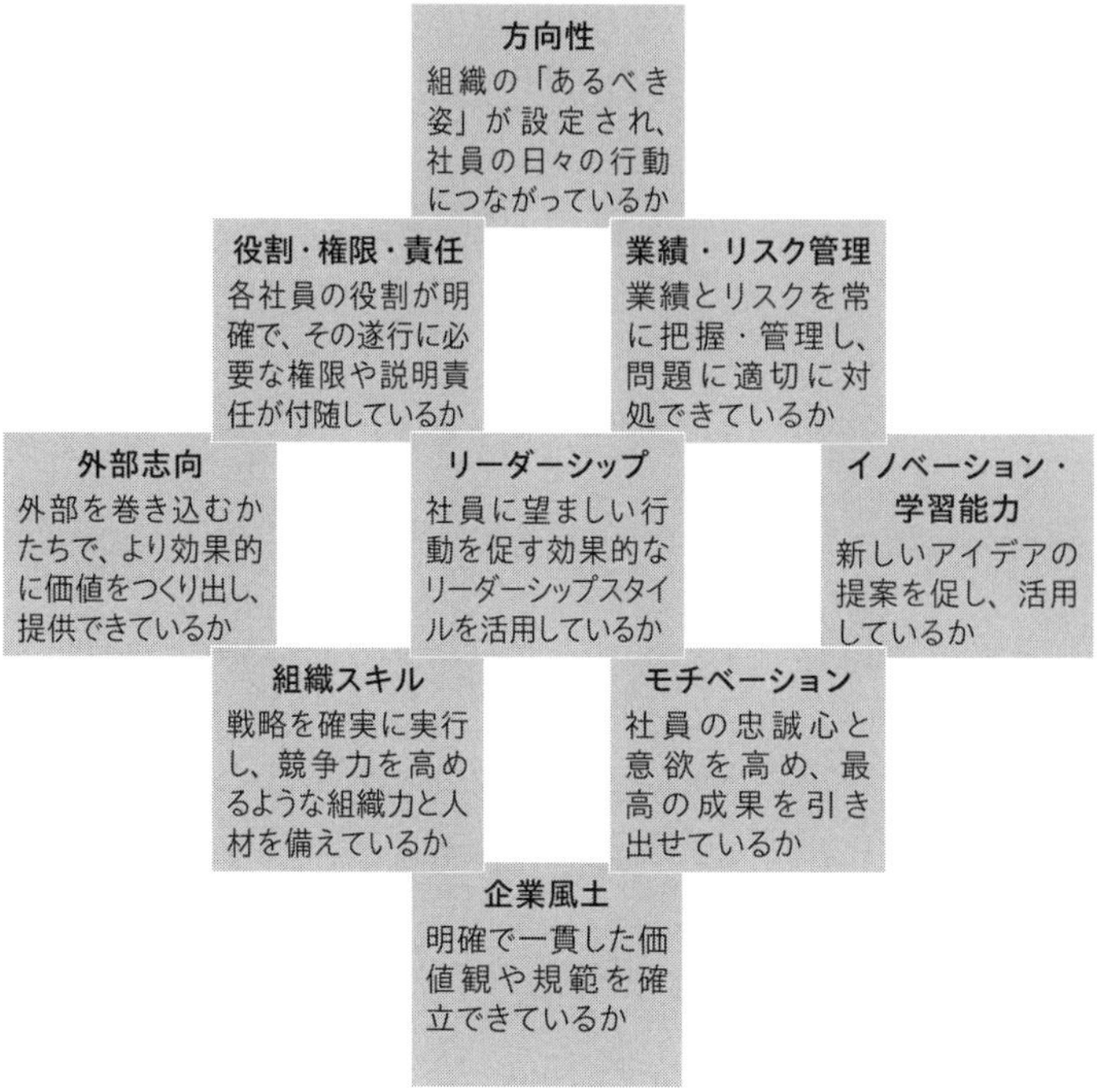
方向性
組織の「あるべき姿」が設定され、社員の日々の行動につながっているか
役割・権限・責任
各社員の役割が明確で、その遂行に必要な権限や説明責任が付随しているか
業績・リスク管理
業績とリスクを常に把握・管理し、問題に適切に対処できているか
外部志向
外部を巻き込むかたちで、より効果的に価値をつくり出し、提供できているか
リーダーシップ
社員に望ましい行動を促す効果的なリーダーシップスタイルを活用しているか
イノベーション・学習能力
新しいアイデアの提案を促し、活用しているか
組織スキル
戦略を確実に実行し、競争力を高めるような組織力と人材を備えているか
モチベーション
社員の忠誠心と意欲を高め、最高の成果を引き出せているか
企業風土
明確で一貫した価値観や規範を確立できているか

出所）マッキンゼー

### 図表5-5　組織健康度の向上に向けた活動項目

| | |
|---|---|
| 方向性 | ●共有されたビジョン<br>●戦略の明確性<br>●社員の巻き込み |
| リーダーシップ | ●権限・職位にもとづくリーダーシップ<br>●皆の意見・自主性を尊重したリーダーシップ<br>●よい環境を率先して構築するリーダーシップ<br>●挑戦意欲を引き出すリーダーシップ |
| 企業風土 | ●オープンで信頼できる関係<br>●健全な社内競争<br>●オペレーション上の行動規範遵守<br>●独創性や起業家精神の奨励 |
| 役割・権限・責任 | ●役割の明確性<br>●明確な目標設定と結果責任<br>●公平な業績評価の実施<br>●当事者意識（オーナーシップ）醸成 |
| 業績・リスク管理 | ●適切な社員業績評価とフィードバックの実施<br>●オペレーションKPI1・目標設定と達成度評価<br>●財務KPI1・目標設定と達成度評価<br>●企業人・プロとしての行動規範<br>●リスク管理の組織的取り組み |
| 組織スキル | ●最適人材獲得のための仕組みの構築と運用<br>●能力開発への組織的な取り組み<br>●型紙化・仕組み化でのスキル伝承<br>●外部活用能力 |
| モチベーション | ●共感できる価値観<br>●社員の意欲をかきたてるリーダー<br>●キャリア機会<br>●金銭的動機づけ<br>●褒賞と表彰 |
| イノベーション・学習能力 | ●経営層主導のイノベーション<br>●現場主導のイノベーション<br>●部門を超えた知識の共有と協働<br>●外部アイデアの取り込み |
| 外部志向 | ●顧客志向<br>●競合についての知見<br>●社外のビジネスパートナーとの協働<br>●政府・地域社会との関係 |

出所）マッキンゼー

業績を持続的に上げていることが明らかとなっている。

## ②日本企業の「組織健康度」が示すもの

この組織健康度指数（ＯＨＩ）にもとづいて、マッキンゼーが日本企業について分析を行った結果、２０１８年時点での日本企業の平均ＯＨＩスコアは、全９指標においてグローバルの中央値を大きく下回った（**図表5－6**）。

調査を実施した日本企業のうち四分の三が、総合スコアにおいても下位25％に位置しており、これだけ全体的にスコアが低いという事実は、日本企業の組織健康度が世界でもかなり低い水準にあることを示している。

日本企業の組織全体の健康度が低いという結果は、個々の人材の能力を活かしきれていないということを示すものではないだろうか。この状態を脱するためには人材一人ひとりの能力を最大化し、組織力を強化することこそが鍵となる。それが、企業変革を成功させる方策となる。

### 図表5-6　日本企業の組織健康度指数（OHI）のスコア

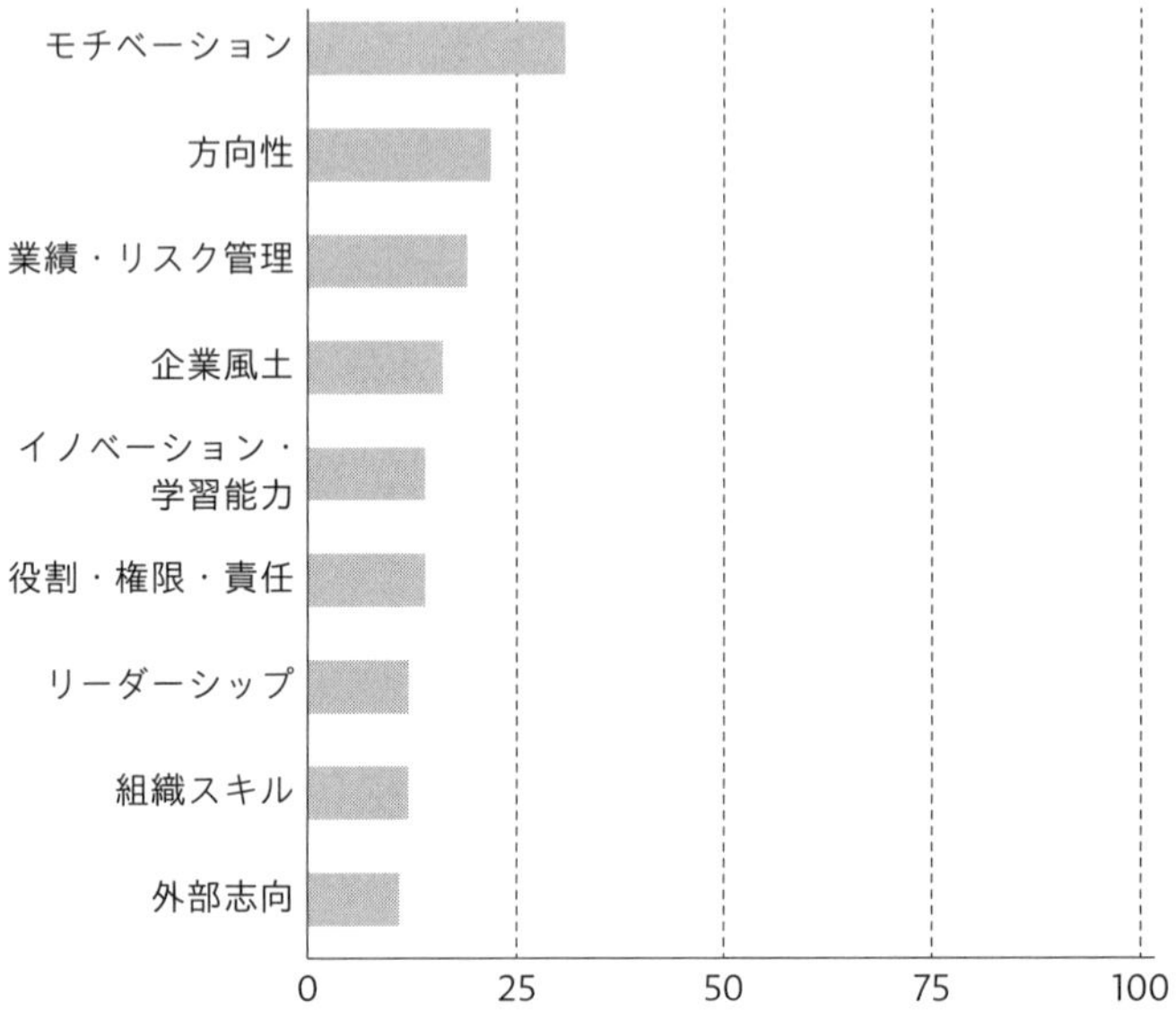


注）グローバルベンチマークと比較した日本のスコア（パーセンタイル）、各項目の問いにおいて、「そう思う」または「強くそう思う」と回答した従業員
出所）マッキンゼーOHIデータベース（2018年）

# 2　人材能力の最大化に向けて

## (1) 組織文化の変容は個人の変革から

日本発のグローバル企業の従業員数は、数千人から数十万人とかなり幅があるものの、一企業あたりの従業員数は非常に多い。これらの企業の多くは、目指すべき姿を想定して意図的に組織を進化させてきたのではなく、事業の拡大に伴い組織が拡大し、結果的に人員が増加して現在の規模になったものである。また事業を展開する国の数の増加に比例して、組織の多様性や複雑性が増した企業も多いと考えられる。

こうした企業での組織や人材の改革は一筋縄ではいかない。採用や教育、評価など、改革の実現に向けて着手すべき施策は何なのか、経営チームには次から次へと悩みが降りかかる。

また、日本企業の特質として、組織や人材の改革には長い時間を要するため、これまで取り組んできたにもかかわらず、成果や手応えをなかなか感じられないでいる経営者も少なくない。

企業の変革プログラムを成功させる確率を上げ、最終的に組織の競争優位を築くためにはどうすべきか。組織の人材、意思決定、組織文化の観点から変革を実現するためには、マクロ視点でいえば、今後の戦略に呼応する組織体制や人材要件を特定してその達成を目指す。それと同時にミクロ視点では、従業員一人ひとりの意識改革や行動変革を促すことも必須の条件となる（S・ケラー、M・ミーニー『マッキンゼー 勝ち続ける組織の10の法則』日本経済新聞出版、２０２２年を参照）。

行動面の変革を体現した個人が増えることで、その熱量が組織全体に伝搬して変革の気運が高まり、結果として業績面での成果実現につながっていくことになる。さらには、これにより組織の魅力度が高まり、必要とする新たな人材の確保も可能となる。そして、優秀な人材を獲得・育成することで、対外的に企業イメージも向上し、その結果、他社との協働機会も増加して新しい知見や能力の構築が進むことになる。

このように、企業内の組織と人材に関する好循環を生み出すことができ、企業変革につながるのである（**図表5－7**）。

仮に、経営チームのトップ50人が、１人あたり10人の従業員の行動を変革できたとすれば、新たに５００人の行動変革リーダーが生まれることになる。さらにこの

**図表5-7　個々人の行動変革が組織・人材改革につながる**

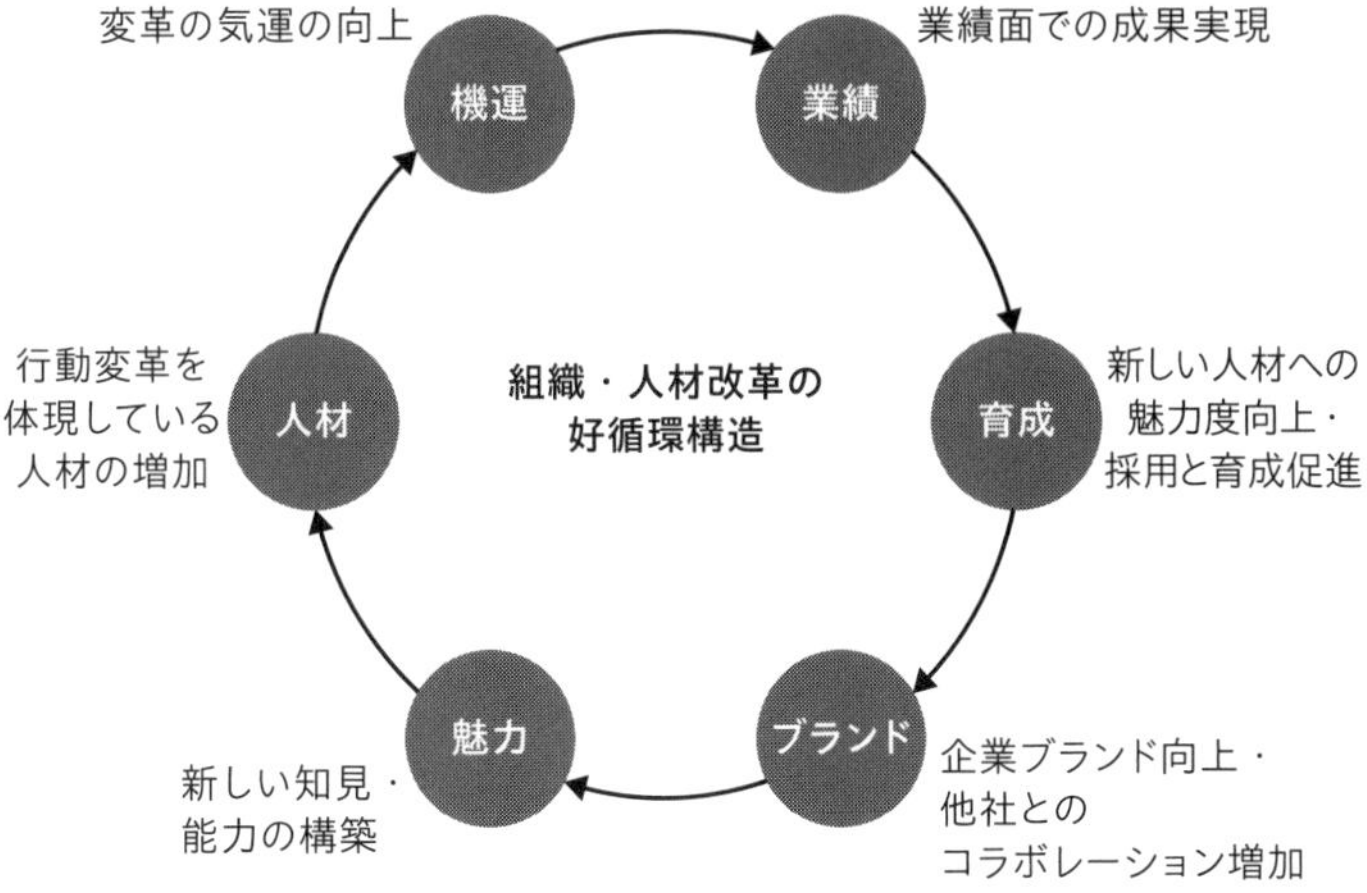


出所）マッキンゼー

500人が10人ずつ同様の影響を及ぼせば、その数は5000人となり、その先に数万人、数十万人の行動変革の実現が見えてくる。

一人ひとりの行動変革による好循環を実現させ、同時に日本企業の特性を魅力として打ち出して海外の人材を呼び込めれば、さらなる変革を加速できる可能性は高い。海外のリーディング企業を率いてきたグローバル人材が、日本発のグローバル企業に転職した理由には、日本企業の特性に対する好意的な意見が多く見られる。

現時点では、報酬面や世界規模での採用力において、グローバル企業には敵わないかもしれない。しかし、日本企業の特性に魅力を感じるグローバル人材を獲得することができれば、その人材がグローバルでの経験から得た新たな機能や役割などを活かして組織体制が補強され、同時に社員一人ひとりが多様な人材との協働に刺激を得て、好循環が加速されることは間違いない。その結果、企業の成長が実現される可能性は大きく高まる。

## (2) 行動変革を促す「インフルエンス・モデル」

企業が進化を続けるためには、外部環境の変化や自社の戦略に合わせて、従業員個人の行動様式の変更を促さなければならない。この行動変革のための手法が「インフルエンス・モデル」である。

マッキンゼーは長年の変革活動において、個人が持つマインドセット、スキル、そして実行し続けるための仕組み（プロセス）を三位一体のものとしてとらえ、行動の変革を促すアプローチを提唱してきた（**図表5－8**）。

個人の行動変容を促すには、行動そのものにアプローチして個人の習慣を変えようとするのではなく、その背景にあるマインドセットへの働きかけが重要となる。周囲

### 図表5-8　行動変革を促す「インフルエンス・モデル」

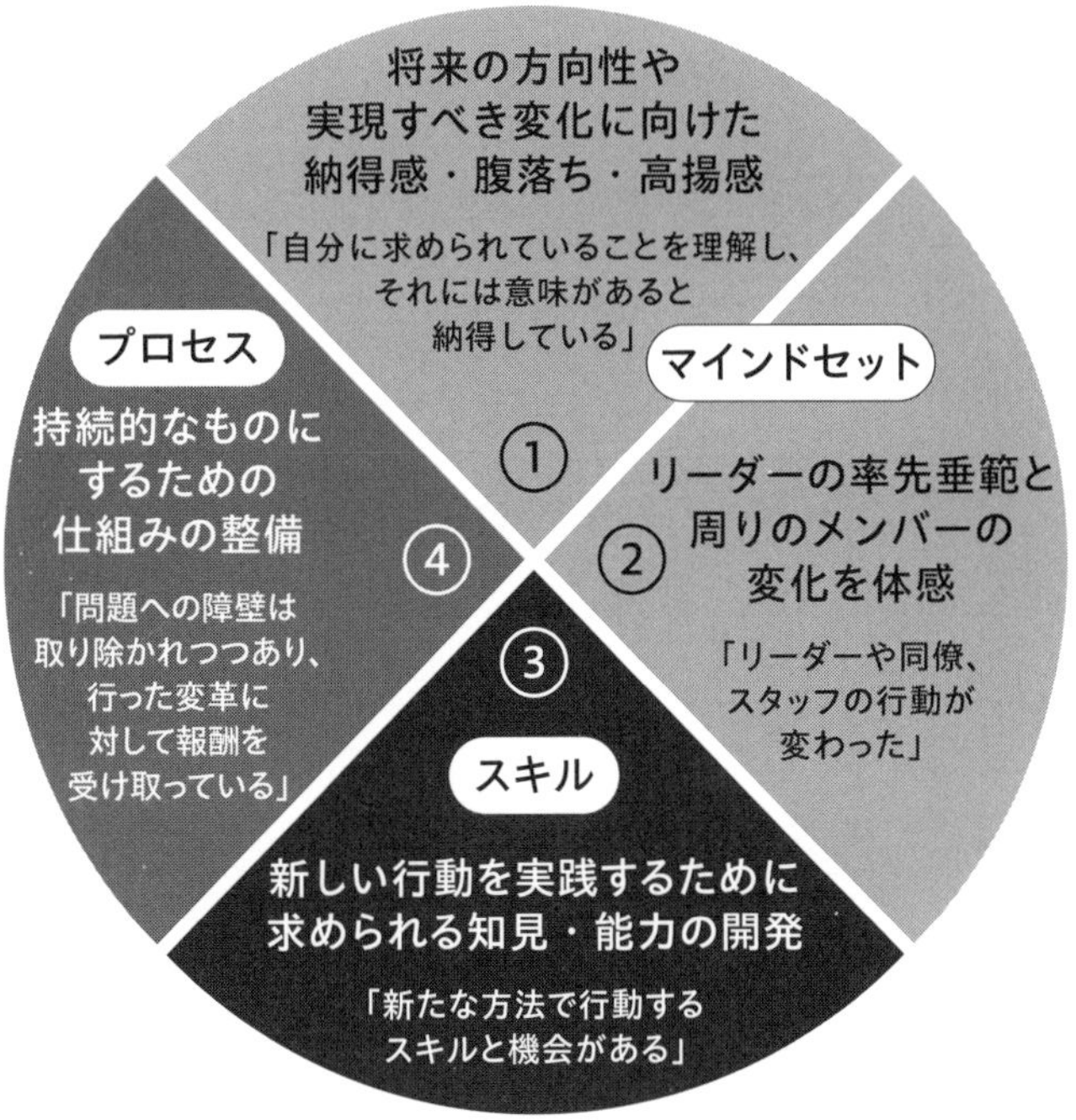
将来の方向性や
実現すべき変化に向けた
納得感・腹落ち・高揚感
「自分に求められていることを理解し、
それには意味があると
納得している」
マインドセット
①
リーダーの率先垂範と
周りのメンバーの
変化を体感
②
「リーダーや同僚、
スタッフの行動が
変わった」
③
スキル
新しい行動を実践するために
求められる知見・能力の開発
「新たな方法で行動する
スキルと機会がある」
プロセス
持続的なものに
するための
仕組みの整備
④
「問題への障壁は
取り除かれつつあり、
行った変革に
対して報酬を
受け取っている」

出所）マッキンゼー

から見える各個人の行動の背景に影響を及ぼしているマインドセットは何かを明らかにすること。このアプローチでは、企業が世の中の環境変化や目指す方向性を踏まえて、今後「こうあってほしい」と思えるマインドセットを定義し、それにもとづいて各個人の行動を喚起していくのである（**図表5－9**）。

ではここで、具体的にインフルエンス・モデルの仕組みについて説明していくことにする。インフルエンス・モデルで押さえるべき要件は次の3つである（**図表5－10**）。

**①マインドセットへの働きかけ**
従業員が、企業の将来の方向性や実現すべき変化に納得感・高揚感を持つこと。リーダーによる率先垂範（ロールモデル構築）と社内の変化を体感すること

**②スキルの開発**
新しい行動を実践するために必要となる知見や能力の開発

**③プロセスの整備**
持続的なものにするための仕組みの確立

インフルエンス・モデルの効果を最大化するためには、実行する順番にも大きな意

**図表5-9　行動変革にはマインドセットの変革も必要**

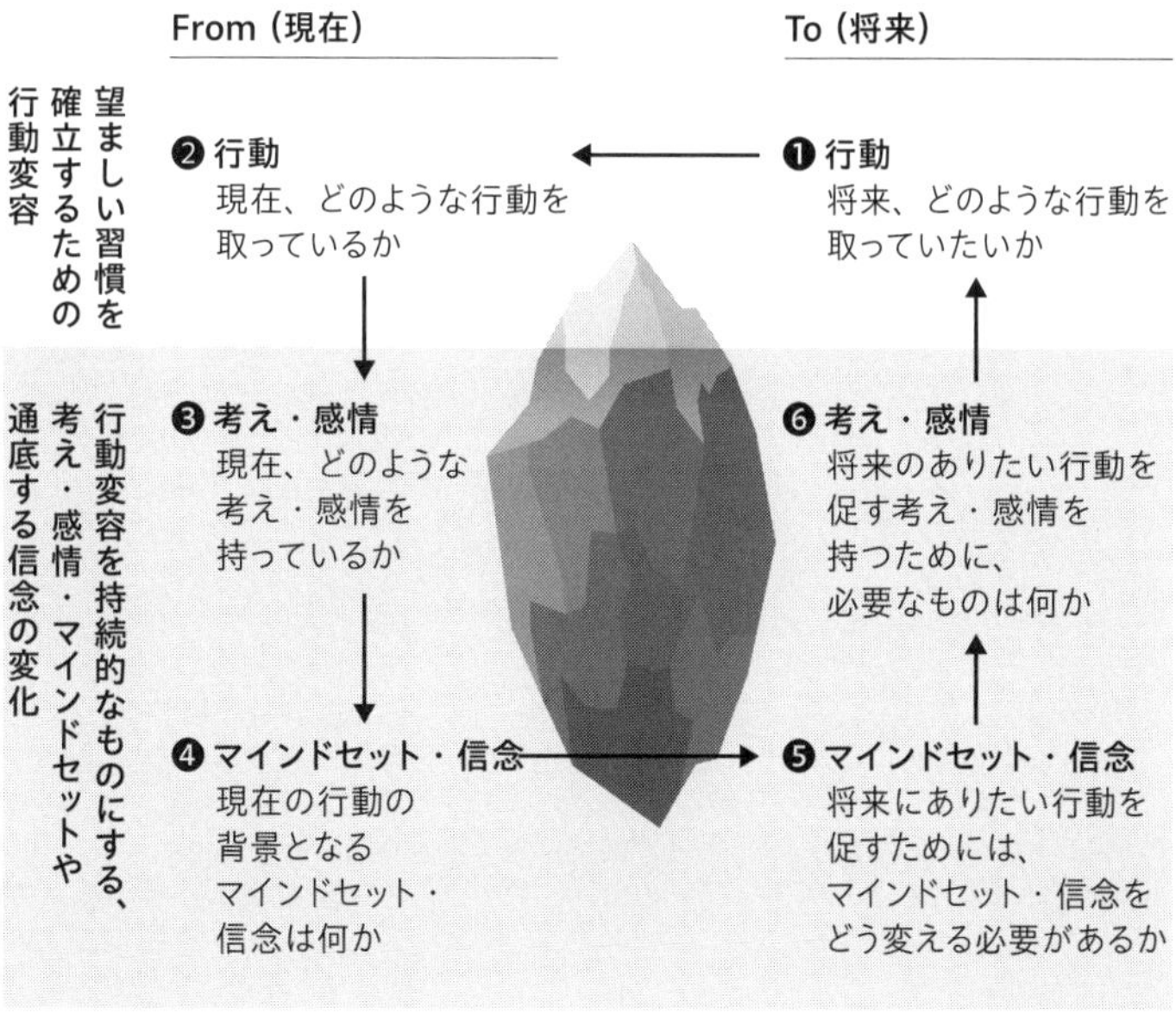
From（現在）
To（将来）
望ましい習慣を確立するための行動変容
行動変容を持続的なものにする、考え・感情・マインドセットや通底する信念の変化
❷行動
現在、どのような行動を取っているか
❸考え・感情
現在、どのような考え・感情を持っているか
❹マインドセット・信念
現在の行動の背景となるマインドセット・信念は何か
❶行動
将来、どのような行動を取っていたいか
❻考え・感情
将来のありたい行動を促す考え・感情を持つために、必要なものは何か
❺マインドセット・信念
将来にありたい行動を促すためには、マインドセット・信念をどう変える必要があるか

出所）マッキンゼー

味がある。まず、将来のビジョンや変革の必要性を、説得力を持って従業員に説明を尽くし、その結果、やる気を引き出して新しい方向性への納得感や高揚感を醸成する。また、変革プロジェクトのリーダーに現場メンバーを抜擢し、リーダー自らが変革への道筋を熟知するなどの状況をつくることが大きな進歩につながる。

次に、「口だけ・形だけ」の、実行を伴わない状況を避けるために、リーダーが中心となって、手本となる行動変革のあり方を従業員に見せる必要がある（ロールモデル構築）。ここでの本気度や変化の度合いが高ければ高いほど、より多くの従業員がリーダーを見習って変化し始める確率も高くなる。

これはまさに「サーバント・リーダーシップ（奉仕型リーダーシップとも呼ばれ、奉仕の精神を通じて信頼を獲得し、周囲に自主的な言動や行動を促す）」であり、「やってみせ、言ってきかせて、させてみて、ほめてやらねば人は動かじ」（山本五十六）の体現といえる。

各個人がさらに進んで変革への新しい行動を開始すると、「知らない、やったことがない、やり方がわからない」といった壁にぶち当たる。この段階での人材育成への投資や、取り組みの質量が大きく問われることになるわけである。

すでにこの段階に至るまでに、新しい知識や教育への渇望感が生まれているはずだから、新しい行動をサポートするための人材育成や能力開発の施策に十分な投資を行い、適切な教育プログラムを開発して実施体制を構築する。

最後に、こうした各個人の行動変容を持続的なものへと熟成させ、個人レベルの変化から組織全体の新しい文化へと昇華させていくための仕組みに落とし込んでいく。

一人ひとりが高揚感を抱いて積極性を示し、リーダーを手本に各々が新しい知見や能力開発に励んだとしても、長期にわたり前向きに努力し成長し続けるためには、それを後押しする評価体系や報酬体系などの仕組みが不可欠である。そしてこれこそが、企業変革が一過性に終わるか定着し持続するかの分かれ道となる。

## (3) インフルエンス・モデルの活用事例

### ①マインドセットへの働きかけ

では、以下にグローバルで活躍する企業におけるインフルエンス・モデルの活用事例を、マインドセット、スキル、プロセスの別に示す。施策によっては複数の要件に効果を発揮するものもあるが、ここでは重複や各企業の秘匿情報を除き、単純化・抽象化した例を示す（**図表5－10、5－11**）。

**図表5-10　インフルエンス・モデルを実行するための方策例①：将来の方向性や実現すべき変化に向けた納得感・腹落ち・高揚感**

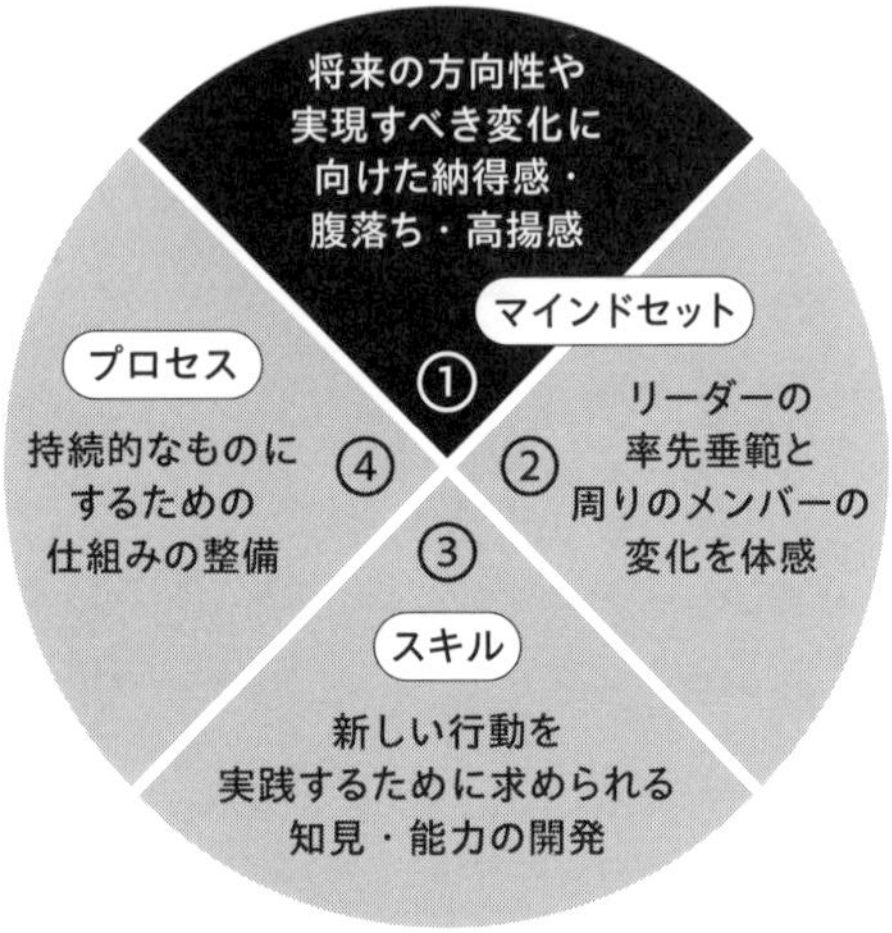


| | |
|---|---|
| **変化の実例の共有** | ●変革の意義・コミットを個々人が内面化し共有<br>●社内Wiki・ブログの作成 |
| **継続的で双方向のコミュニケーション** | ●タウンホール<br>●ビデオのライブストリーミング、Eメールやポスター等の活用<br>●トップのリーダーとの1on1<br>●スポンサー・メンター |
| **新しい言葉や習慣の構築** | ●用いる言葉の刷新<br>●意識醸成ワークショップ<br>●情報・行動のカスケードワークショップ<br>●会社の「バリュー」の深化、改定（オンラインの交流・ハッカソンも活用）<br>●SNSでのキャンペーン（Instagram等） |

出所）マッキンゼー

一見、読者には平たく映るかもしれないが、実際は、企業ごとの経営者の姿勢や企業文化、新しい方向への転換や変革を行う際のビジョン、取り組み方法など、を踏まえた具体策となっている。

## ②ソニーグループに見るインフルエンス・モデル

ソニーグループの変革事例からは、チェンジストーリーや率先垂範（ロールモデル構築）の重要性が理解できる。

『ソニー再生』（日本経済新聞出版、2021年）の著者、平井一夫氏は、ソニーグループの前最高経営責任者（CEO）であり、現在同社のシニアアドバイザーを務めている。平井氏は、2012年にソニー（当時）の社長兼CEOに就任し、4年連続で赤字を計上していた同社の営業利益を、退任する2018年までに過去最高益にまで回復させた復活の立役者である。

平井氏の著書には、平井氏と経営チームが一丸となってソニーグループの改革を成功に導いた秘訣が記されている。その内容と、インフルエンス・モデルとを照らし合わせてみたところ、多くの共通点があった。

平井氏は、世界各地にある現場を見て回るなかで、従業員から「情熱のマグマ」を

**図表5-11　インフルエンス・モデルを実行するための方策例②：リーダーの率先垂範と周りのメンバーの変化を体感**

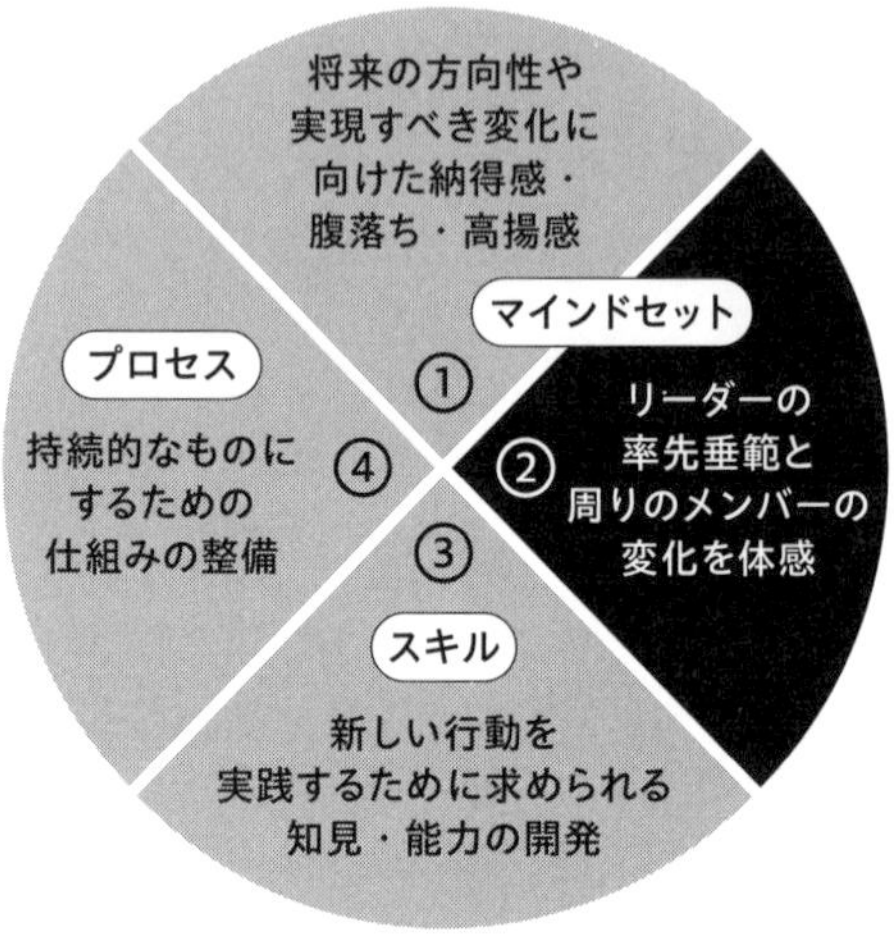


| | |
|---|---|
| **象徴的な行動の創出** | ●優れたチームの行動を組織内で共有<br>●「チャンピオン」の表彰、成功の表彰<br>●ビデオやオンラインブログを用いた拡散強化 |
| **チーム単位での変革推進** | ●チームビルディングワークショップ<br>●個人の体験、インパクトのあるストーリーの共有 |
| **影響力の強いリーダーの活用** | ●（トップの）リーダーの現場視察<br>●ツールを用いた「変革のリーダー」役の特定（ソーシャルネットワーク分析、Eメール分析、オンラインの会話の分析等） |

出所）マッキンゼー

感じながらも、「ソニーの目指すべき方向性が失われている」という課題認識を得たという。そこで、多種多様な事業を展開するソニーグループで働く従業員の求心力や一体感に火をつけるため、「ソニーが目指すのはKANDO（感動）。お客様に感動を与える製品やサービスをみんなでつくり出そう」と繰り返し訴えかけた。

この「KANDO」という言葉をチェンジストーリーの中心に据え、社長を務めた6年間に、世界各地の拠点で70回以上のタウンホール・ミーティング（経営陣と従業員との対話の場、対話集会）を行い、ついに従業員の心に火がついた、という。

また平井氏は、『異見』を求める」という哲学を大切にしている。平井氏の「私はカリスマではないし、一人では何もできない」という言葉からも、その謙虚な姿勢の裏に、多様で多彩な人材からの率直な意見を傾聴し、議論を重ねたうえで、トップとして覚悟を持って迅速に意思決定を行う、という強いリーダーシップがうかがえる。

「戦術や戦略といった施策はもちろん重要ですが、それだけでは組織をよみがえらせることはできないのです」とも語っている。では、何を行ってきたのか。「自信を喪失し、実力を発揮できなくなった社員たちの心の奥底に隠された『情熱のマグマ』を解き放ち、チームとしての力を最大限に引き出すこと」。これを「愚直にやり通してきたことが、組織の再生につながった」のだという。そして、困難に立ち向かうには

図表5-12　インフルエンス・モデルを実行するための方策例③：
新しい行動を実践するために求められる知見・能力の開発

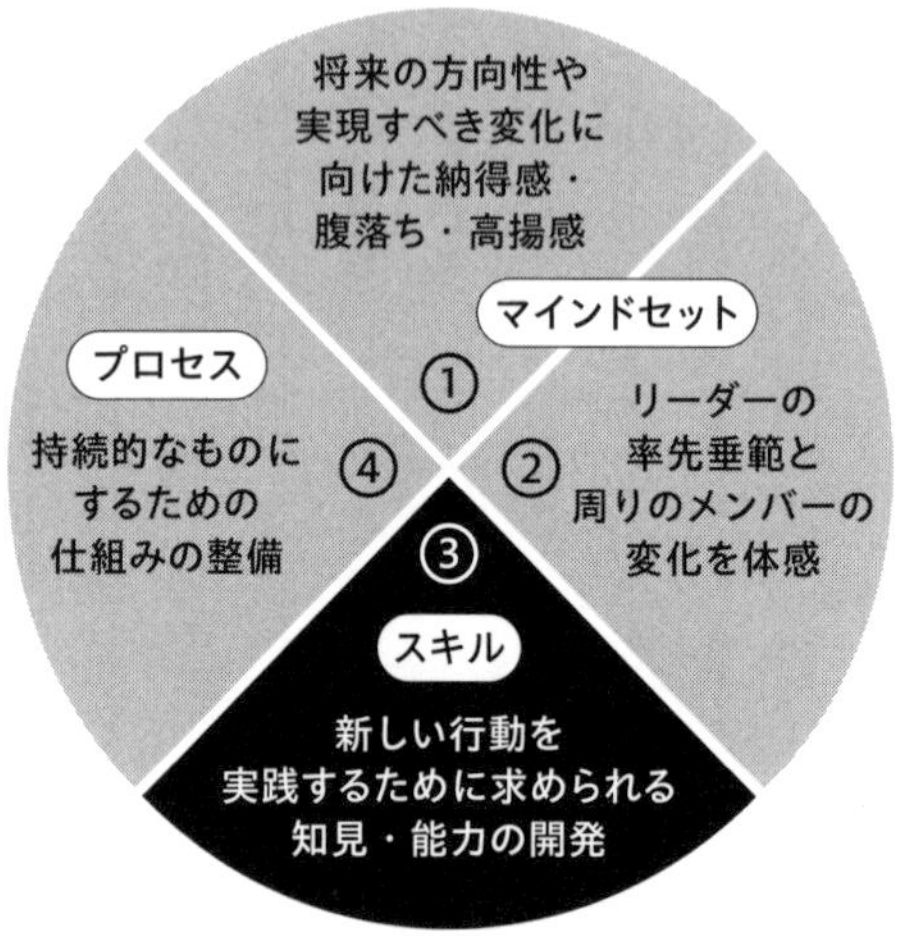


| | |
|---|---|
| 研修プログラムの活用 | ●スキル研修、リーダーシップ研修<br>●座学と現場での実践を組み合わせたプログラム |
| 人材の採用・配置転換 | ●新しい人材の採用<br>●成果にもとづく人材配置の見直し |
| 日々の業務を通じた育成・モチベーションの創出 | ●ジョブローテーション、プロジェクト<br>●求められる行動変化が具体的フィードバック<br>●個々人の成長プランの作成<br>●従業員への価値提案<br>(Employee value proposition) |

出所）マッキンゼー

「EQ（心の知能指数）の高さが求められる」と結んでいる。

日本発のグローバル企業に散見される共通課題には、経営者や経営チームのチェンジストーリーに対する思い入れや発信量の不足、加えて、社内のコミュニケーション機能の役割や位置づけへの低評価と、創出した価値の過小評価、さらには人材投資の不十分さ、などが挙げられる。

設備投資には大きなもので数百億円、場合によっては1000億円を超える金額を必要とするのに比べて、社内コミュニケーション機能への投資は圧倒的に少ない金額で済み、効果的に実行できた場合の効果は絶大なものとなる。

近年、投資家や株主との対話をIRとして強化している企業も多いが、同時に、内部の最も大事なステークホルダーである従業員一人ひとりが、自らの仕事に自信や勇気を持ち、士気を高め、結果として自らが新しい行動に着手するようになるための戦略的な社内コミュニケーションの時間を、経営者や経営チーム自らが配分し、強化していく必要がある（**図表5－12**）。

**③より多くの従業員に対する実践的なスキルの開発**

例えば、図表5－13にあるテーマでの実践的なスキル開発は、職種を超え、組織が

## できるようになるべきこと

| |
|---|
| 失敗を未然に防ぐための予行演習を行い、日々の仕事における計画づくりを支援する |
| 数字等を用いて、客観的な優先順位づけを行う |
| 問題を解決するために、問題の特定→構造化→分析→行動する |
| 事業のオーナーと同じ意識を持ち、自分事として行動する |
| 新しいアイデアが出る、創造的なチーム環境を構築する |
| 他の人々をコーチングし、最大限の潜在能力を引き出す |
| さまざまな手法を駆使して、組織・個人の行動変化を促す |
| 困難な場面でも、巧みにフィードバックを提供する |
| 簡潔で、体系的、トップダウン型のコミュニケーションを行う |
| 論理と感情を組み合わせ、相手を動かす |
| 議論した内容を、「何を」「誰が」「いつまでに」と明確な行動に移す |
| 組織戦略を推進する能力を評価し構築する |
| 会議における高い生産性と大きな成果を確実にする |
| 文書によるコミュニケーションの質を強化する |
| 仕事への情熱・やる気を維持してモチベーションを保つ |
| 施策の継続的改善を、どのように永久的に続くものにするのか、組織論を組み合わせて改善する |

**図表5-13　社員の実践的スキル開発プログラムのリスト例**

| 変革を成功させる要素 | 人材開発テーマ |
|---|---|
| 自分が与える影響を重視する | 「転ばぬ先の杖」 |
| | 優先順位づけ |
| | 問題解決 |
| | オーナー意識＝「自分事」化 |
| | 創造的なチームづくり |
| 周囲の人々に<br>最高の仕事をしてもらう | コーチング |
| | 人と組織を動かす |
| | 勇気ある会話 |
| コミュニケーション<br>スキルを磨く | 効果的なコミュニケーション |
| | 影響力のあるプレゼンテーション |
| | 何を、誰が、いつまでに |
| 結果を出す | 組織目線での戦略 |
| | ファシリテーション |
| | 伝わる表現 |
| | 諦めないマインドセット |
| 文化の一部にしていく | 単発で終わらず、持続的な成果を出せる<br>組織にするために |

出所）マッキンゼー

より効率的かつ効果的に仕事を進め成果を出すうえで大変有効である。

有効な人材育成プログラムは、キャリアパスとの連動も含めて「権利と義務」の両立によって成り立っている。従業員には、半年・1年・3年後にどのレベルに到達すべきかといった期待値を含め、目指すべきレベルを明確に伝える必要がある。

こうした期待値の明示に並行して、その水準に到達した人材と到達しなかった人材へのメリハリのある評価については、一定の厳格さを持って臨むことが必要となる。厳格さがないまま人材育成プログラムを提供し、そこに投資を継続しても、人は権利を主張するだけで責任という意味での義務を果たさないなど、「個人の成長およびチームとしての成果を拡大する」結果は得られない。ひいては、より意欲の高い人材が、企業の風土に幻滅して辞めてしまうといった事態が生じる可能性もある。

## ④卓越した個の採用と育成

多くの従業員の実践的なスキル開発をサポートすることに加えて、卓越したリーダーの育成も必要となる。グローバルで活躍する企業の命運を握るのは、一般に「クリティカル2%」と呼ばれる組織内の優れた才能を有する重要人材である（ラム・チャラン、ドミニク・バートン、デニス・ケアリー、中島正樹、堀井摩耶、齋藤佐保里『Talent Wins（タレント・ウィンズ）人材ファーストの企業戦略』日本経済新聞出版、2019年を参照）。

例えば、米国のIT機器大手アップルの元CEOスティーブ・ジョブズは、重要なポジションには妥協することなく優れた人材を採用し、能力を限界まで引き出しながら活用することで、同社を世界を席巻する企業にまで育て上げた。

世界有数の投資会社であるブラックストーンは、ポートフォリオ企業の企業価値向上にあたり最も重要なポジションを特定し、そのポジションに配置すべきリーダーを選定することに時間を投資している。

また、ジョンソン・エンド・ジョンソンのCHRO（人材開発の最高責任者）であるピーター・ファソロは、社内のトッププレーヤー50人を特定し、潜在能力を精査するとともに、他に必要なスキルを持った人材が社内にいないか、常に注視しているという。

これらの企業がなぜここまでトップ人材にこだわるのかというと、トップ人材は平均的な社員の何倍もの価値を企業にもたらし、組織の戦略、方向性、成功を左右する存在となるからである。

ただし、トップ人材は、必ずしも立派な肩書を持っているとはかぎらない。だからこそこれらの人材の発掘は、グローバルで競争する企業のＣＨＲＯをはじめ、ＣＥＯ、ＣＦＯなどの経営陣が最優先に取り組むべき経営課題なのである。

この点に関しては「出る杭は打たれる」のことわざが示すように、日本の企業文化においては卓越した人材の獲得・育成を阻んでいるケースが散見される。「公平・平等」の思想が「悪しき平等」を生み出してしまうのである。

従業員一人ひとりの力を最大限に引き出す取り組みに加え、企業の目標やビジョン、戦略やイノベーションにもとづいて、世界中の人たちを惹きつける卓越したリーダーの採用・育成が、企業としてのさらなる飛躍に結びつくことは言をまたない。

### ⑤マジドアルフッタイムグループの取り組み

組織全体の底上げと卓越した個人の育成を、同時にしかも大規模に実践したグローバル企業もある。例えば、中東および北アフリカ地域においてショッピングモールや小売店、ホテルなどを経営するマジドアルフッタイムグループは、人材への投資を徹底して行っている企業である。「すべての人に、毎日、素晴らしい時間をもたらす」ことをビジョンとして掲げており、従業員一人ひとりが生き生きと働くことがインパクトの実現につながるととらえている。

**図表5-14　インフルエンス・モデルを実行するための方策例④：持続的なものにするための仕組みの整備**

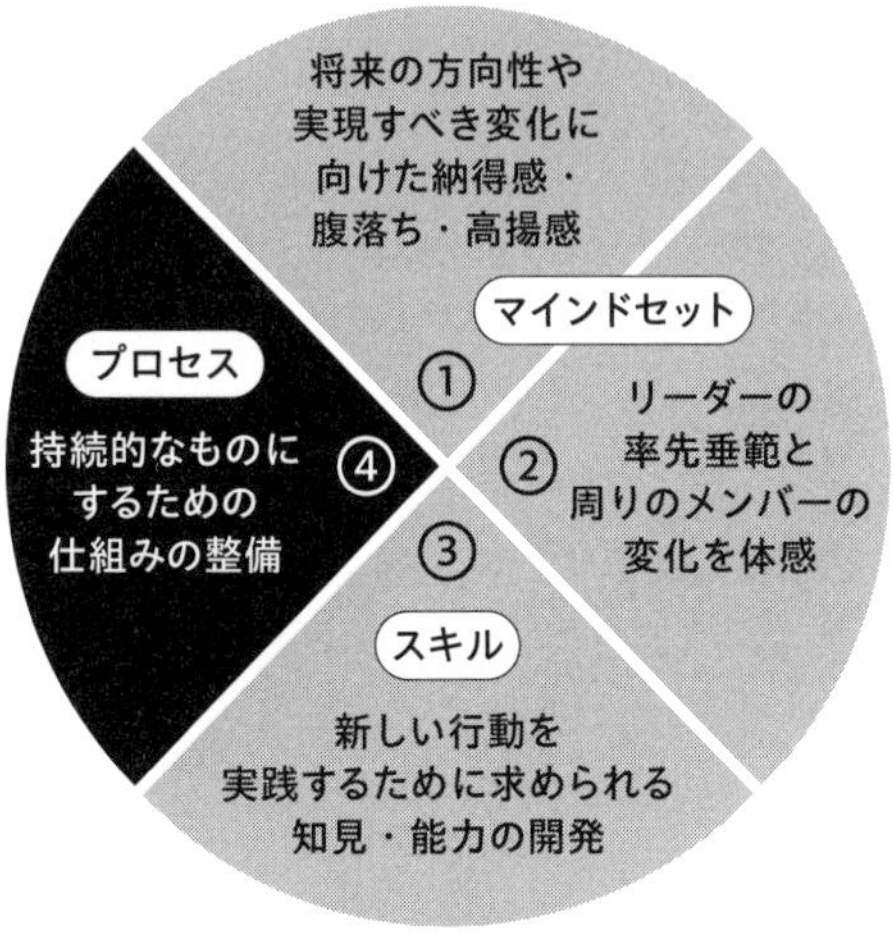


| | |
|---|---|
| **仕組みおよびシステムの見直し** | ●組織構造の変更<br>●個々の役職の役割・責任の再定義<br>●目標や評価基準の設定（KPI）と、プロジェクト・マネジメント・オフィスによるトラッキング<br>●ITシステムの導入（ダッシュボード、オンライン協働ツール等）<br>●プロセスの最適化 |
| **報酬制度の見直し** | ●結果のよし悪しを明確化できる報酬・評価体系の構築<br>●上司評価・360度評価の導入<br>●評価制度の浸透（基準、フォーマット、コミュニケーション）<br>●ポリシーの刷新・浸透 |

出所）マッキンゼー

そのため、人材開発機関である「リーダーシップ・インスティテュート」を本社に創設し、17カ国に散らばる約4万人超の従業員を対象として、2015年からこれまでに延べ10万人以上に対し研修を行ってきた。

研修内容は、データアナリティクスなどを含めた最新の重要テーマで構成され、すぐに現場で活用できるような設計が施されており、参加者もプログラム設計者も目に見える効果を実感しているという。

また、あらゆる階層のリーダーが率先垂範すべき行動を「リーダーシップモデル」と定義し、成長のための期待値を透明かつ詳細に社員に公開している。したがって、単にプログラムに参加して終わりではなく、しっかりと個人の成長を実現するというかたちでの成果が求められる仕組みとなっている。

このように、人材を資本としてとらえ、大規模な投資を行い、潜在能力を開花させる仕組みは、同社の力強い成長のドライバーとなっている。こうした施策は、同社のＣＥＯの信念である「人材が最も大事な資産であり、人材の成長が競争優位性を決める」に裏打ちされた、大規模な人材開発プログラムであるといえる。

## ⑥多様性に富んだ組織の力を最大化するために大事な評価

日本発のグローバル企業では、多様性に富んだ組織の力を最大化するためには、育成と評価の両面を同時に進める体制、特により成果主義を強化した評価体制の構築が必須である。つまり、これまでにも触れたように、人材育成を加速させるとともに評価面での改革もセットで進めることが、組織全体で成果にこだわるパフォーマンスカルチャーを徹底させ、長期にわたる企業の成功を後押しすることになるのである。

日本企業の従業員評価は、概して5段階評価の真ん中もしくはその一つ上（つまり3か4）に査定される傾向を持つ。したがって、卓越した業績を上げた人材でも評価が低く抑えられる一方で、期待値を満たさない社員への厳格な査定やフィードバックも十分に成されない、という声を多く聞く。

なぜ差がつかないのか、あるいはつけられないのか。その背景を探ると、そもそも各個人の目標設定や期待値の設定が不明瞭であること、今年の目標、そして来年、さらに将来の目標設定などの時間軸が明確化されていないこと、などの理由が挙げられる。

まずこれらの課題を解決することが急務ではあるが、加えて評価者自身のスキル育成を進めるなど、成果主義にもとづくオープンな評価を進めるための素地をつくることが肝要である。

●**評価者のスキル**　建設的かつ公平に人を評価することは、間違いなくスキルの一つである。しかし、このスキルを向上させるための評価トレーニングは、多くの企業において質量ともに不足している場合が多い。⑧の「フィードバックの効力と『褒める』技術」でも触れるが、具体的に褒める技術もそのなかの一つであり、また、目標に対する達成度を事実にもとづいて言語化し、被評価者に十分に納得してもらうことが重要となる。

●**評価者のマインドセット**　長年苦楽を共にした同僚や、入社年度で自分よりも先輩にあたる人に評価を下すことには、心理的にとてもつらく難しいものがある。企業の新たな方向性を踏まえた新しい期待値を伝え、それに対する評価を下すことの難しさや苦しさに、途中で心が折れてしまうケースも多い。

したがって、評価スキルという「武器」を身につけ、会社の方向性に対する自分事化を進め（つまり、会社の方向性に共感・理解を示し、企業の目標達成に当事者意識を持って取り組む姿勢を確立する）、後述するリーダーシップおよび評価の仕組みによるサポートを後ろ盾に、勇気を持って取り組む必要がある。

**●リーダーシップ**　一枚岩でのパフォーマンス・カルチャーづくりには、インフルエンス・モデルで見た率先垂範（ロールモデル構築）が一つの切り口となる。経営チームの一人ひとりが、自ら自分の主管部署で実践すること、そしてその部署の管理職の公平な評価を全面的にサポートすることが重要である。

仮に、評価に不満を持つメンバーから直接コンタクトがあった場合も、突き放したり、梯子を外すような行動や発言をしてはならない。そして、こうした手本が社内に浸透していくことで、結果的に、しっかりと努力する人や成果を出す人が正当に評価される組織風土へと変化していく。

**⑦優れた評価体制を実現するための工夫**

**●直接の上司以外の人が評価者グループに入る**　企業のなかには、自部署のメンバーを評価するのではなく、あえて他部署のメンバーの評価をさせたり、プロジェクトベースで直接的に一緒に仕事をしていない人を評価者に立てたりしているところもある。

これによって、より客観的な評価の実現と、日常の付き合いがもたらす、評価を下げることへの心理的抵抗感を回避することが可能となる（ただしこの場合、評価者には、より多くの時間を使うことに加え、高い評価能力が求められる）。

日本企業のなかでも、執行役員のメンバーに対して、グループ内の他のリーダーが客観的な評価者として参加するケースも出はじめている。

**●被評価者に対して３６０度視点を持ち込む（３６０度評価）**　近年の仕事は、一つの部署で画一的に上司の指示のもとに行われるものだけでなく、他部署との連携や部門横断のプロジェクト参画なども少なくない。これらを踏まえて、直属上司からの評価だけでなく、同僚や部下、他部署の社員からのインプットも考慮する。

**●定量・定性評価をバランスよく行い、定性評価は可視化する**　評価の項目は、担当する職務から得られる定量数値に加えて、会社が重要視する要素の達成度合いを定性評価として、体系的に確立する。

定性評価では、会社が重んじるバリューや、リーダーシップ、チームワーク、コミュニケーション能力、問題解決能力などが問われ、さらには、被評価者の実務上の結果に加えて、自己研鑽へのモチベーションや研修・教育、取得した資格なども対象となる。

特に、簡単ではない定性評価に関して、評価者の主観的な「よい」「悪い」ではなく、被評価者の経験、職種、レベルに即した客観的な評価の物差しが必要となる。

例えば、問題解決スキル一つを取っても、入社後何年も経たない一般社員に求められる情報収集力、分析力、問題抽出力と、経験豊富なベテラン社員に求められるそれらの能力では、自ずから大きく違ってくる。

したがって、社員のレベルに応じた評価項目・基準を定め、期待されるレベルや想定されるキャリアパスをあらかじめ明確にしておく必要がある。

● **評価後は全体を俯瞰し、正当な評価か、意図どおりの差がついているか、を確認する**　先進的な企業では、一人の評価者が被評価者の評価をするだけでなく、その評価が横並びで妥当かどうかをグループで議論する「キャリブレーション（調整）」を行っている。

これにより、部署間の評価のバイアスをなくし、全体として一貫性を図るとともに、さらにその副産物として、他部署の管理職に対してどの部署にどのような逸材がいるか、の見える化が可能となっている。

## ⑧フィードバックの効力と「褒める」技術

フィードバックは、日本企業にとって「言うは易く行うは難し」のテーマである。日本では、いにしえより「背中を見て育つ」という文化が根強い。そのうえ、直すべきところに対しての「ダメ出し」はできるが、相手のよいところや相手の強みを見出すこと、さらにそれらを「具体的に褒める」ことは苦手な人が多い。

日本人のこの特性は、多様性に富んだ組織のなかとなればなおさらハードルが高くなり、その苦手度がさらに上がってしまうことになる。

しかし、従業員一人ひとりの能力を最大限に引き出すには、座学や実際の仕事を通じて知識、技術などを身につけるＯＪＴ（On the Job Training）が功を奏するが、さらに日々の業務のなかで、日・週・月ごとに個人に対して建設的かつ頻繁なフィードバックを行うことは、きわめて有効となる。

フィードバックの方法自体はいたってシンプルであり、マッキンゼーでも入社１週間目にその方法を学ぶ。

フィードバックは、一対一で、四つのステップで行われる。まずは、実際にあったことを事実として述べる。次にその事実について、自分にとって、また周りの人に

**図表5-15　GROWモデルを活用したフィードバックの会話例**

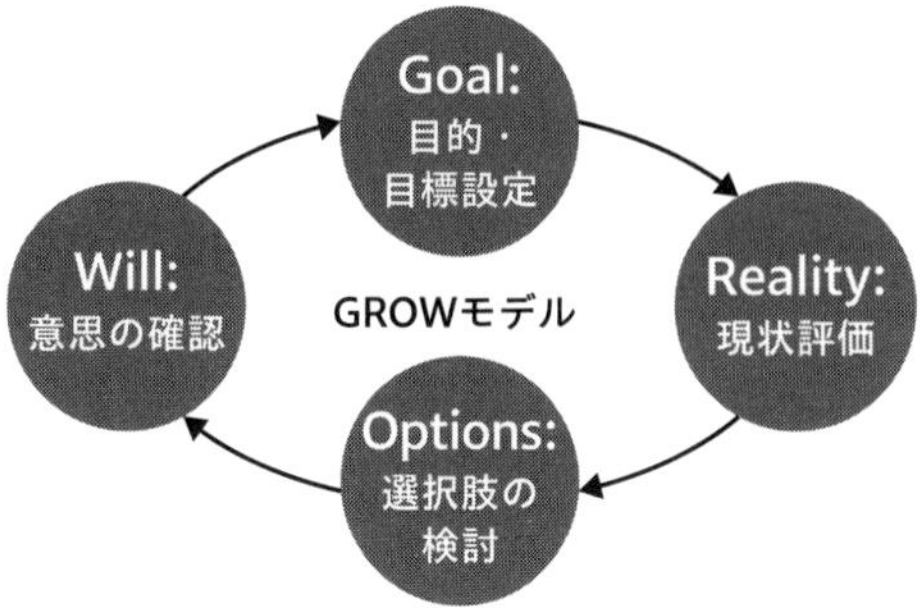


| | |
|---|---|
| **Goal**<br>**目標** | ● 面談の目的に合意する<br>● 中長期的なあるべき姿（目標）を確認する<br>「このミーティングの終わりまでに、どこを目指すべきか」「あるべき部長の姿とは」「いつまでに○○を達成したいか」 |
| **Reality**<br>**現実** | ● あるべき姿の達成に向けてうまくいっていること、いないことを確認する<br>●「何が」「いつ」「誰が」「どの程度」を用いて事実を深掘りする<br>「では、いま起こっていることは何か。他に何が起こっているか」「なぜそうなるのか」「いつもそうなのか。いつ起こるのか」「いまのはユニークな言い回し、コメントであったが、他はどうか」「10段階評価をどうするか」「その状況をどのようにして実現したいのか」 |
| **Options**<br>**選択肢** | ● どのような可能性があるか議論する<br>● より広い範囲の選択肢を探るように促す<br>「物事を進めるには何ができるか。他の方法では何ができるか」「制約がなかったらどうか」「5年後の自分を想像して、今日を振り返ってみると、何を成したと思うか」「最初に行うのはどれか」「どれが一番興味深いか」 |
| **Will**<br>**意思の確認** | ● ネクストステップを確認する<br>● ネクストステップの進捗の確認方法や、必要な支援内容に合意する<br>「ネクストステップとして何に取り組んでいきたいか」「そのためにどのようなサポートが必要か」 |

出所）マッキンゼー

とってよかった点あるいは改善したほうがよいと思われる点を伝える。さらに、その評価に対する本人の意図などを真摯に傾聴する。そして最後のステップとして、本人の強みを再確認し、それらを活かしたうえでよりよい方向へと改善していくためのアドバイスを行い、場合によっては2人で協力してアイデア出しを行う（**図表5－15**）。

実際に建設的なフィードバックを行い相互の信頼感を高めることで、結果としてチームとしての生産性を大きく高めた事例の多くあることは、マッキンゼーの経験からも明らかになっている。これらの取り組みは誰しもができることであり、行おうと思えば、明日からでもすぐに実践できる。必要な投資は時間のみで、金銭的な投資は必要としない。

日本企業の強みの一つといえる「習慣化」に則ってフィードバックの機会を増やしていけば、これまで自らの功績や強みを明確に褒められたことがなかった人たちも、それらを認識して士気を高める機会が増えることにもつながる。

さらには、各人が成長に向けて努力を続けられるようになれば、最終的には日本発のグローバル企業の潜在能力を、最大限に引き出すことにもつながっていくのである。

## ⑨説明責任を強化する――責任の所在の明確化

日本企業特有の課題の一つに、責任の所在をはっきりさせず、誰の責任かが不明瞭になりがちな点がある。多くの従業員が強い責任感にもとづいて自身のタスクを完遂するという強みを持つ一方で、未曽有の事態や現状大変革するといった局面でも、上長がその対応や説明責任まで部下に求めてしまう傾向が強い。

また、組織としての活動を進めるにあたっても、管理職の誰が結果責任を負うのかがはっきりしていない場合がある。

こうした説明責任に対する認識不足を解消するには、リーダーの取るべき振る舞いや身につけるべきスキルについて役割ごとに詳述した「リーダーシップ成長モデル」を社内で定義し、浸透させる必要がある。

このモデルを活用しながら、管理職はチームメンバーと定期的に対話を続け、それぞれの目標設定と進捗について確認し合う機会を設けることが肝心である。こうすることにより、日常業務のなかで、目指すべき目標を実現するために必要な行動について、各人の理解を促進させることができる。

さらには、スキルに応じたキャリアパスを明確にしたり、ステップアップを認定するような中間的な役職を設けたりすれば、各人のスキル習得をより奨励することができる。そして、各人が担う目標や成果が、キャリアへの機会や個人の評価に直結し、個人の努力や業績が報われるように評価制度も見直す必要がある。

もちろん、すべての活動・意思決定が予定どおりにいくとはかぎらない。外的環境が大きく変化する今日では、実際には予定どおりいかないことのほうが多いのが経営の実情である。しかし、こうした環境下でこそ、組織のリーダーは自ら説明責任・結果責任を負うものと明らかにし、実際の業務を担うメンバーとともに日々問題を解決し、不測の事態には主体的に説明責任を果たして解決に向けた活動をリードする役割が求められている。

紹介した各社での取り組みでは、誰もが思いつかないようなテーマではなく、納得感のある取り組みが多いことに気づくのではないだろうか。

個人の行動変容に対するインフルエンス・モデルへの投資は、ゼロもしくは最小限で済み、しかも今日からでもすぐ始められるものが多い。そしてこの取り組みは、徹底度や継続度によって、半年から1年、さらにはその先へと創出される価値が複利計算のように増えて大きな差となっていく。

この結果を左右する鍵は、経営者と経営チームのメンバー一人ひとりの行動変革である。すべてを確実に実行すれば、本章の冒頭で紹介した企業変革の成功確率は、大きく上昇する。

マッキンゼーの経験によれば、大規模なグローバル企業では、組織や人に新しい変化をもたらすようなケースでは、組織構造の見直しやＩＴシステムの導入など、仕組みの整備に注力する例が多く見受けられる。

仕組みの整備自体はもちろん重要だが、時に多くの投資を必要とし、導入から実行までに長い期間を要する。また仕組みの整備自体が目的化し、そもそもなぜ個人に新しい行動を促すのか、どのように組織風土に根づかせるのか、という視点での議論や言語化が十分になされないケースもあるため、ここは原点に立ち戻った取り組みの軌道修正が必要となる。

マッキンゼーは、日本とグローバル企業への支援や経営幹部との対話を通じて、以下の三つの観点にもとづく実行が、日本発のグローバル企業の組織と人材の強化につながると見ている。

## ⑴ 同質性×合意にもとづく意思決定から、多彩性×信頼をベースにした意思決定へ
### ――チームワークを強化しながら、同時に意思決定のスピードを上げていく

世界全体およびそれぞれの国の社会・市場環境の継続的な変化に伴い、経営の複雑性も高まっている。このような状況のなか、必要な知見や能力を持つ多彩な人材によってこそ、チームワークを高め、さまざまな角度からの議論を展開し、役割を分担しながら、合意形成を前提としたものではなく、信頼をベースにした迅速な意思決定を行っていくこと。

## ⑵ 変化を先取りし、新しい取り組みに果敢に挑戦する組織へ
### ――常に新しいことを学び、顧客や社会への価値提供につながるイノベーションを創出し続ける

世の中の変化に後追いで対応するのではなく、事前に変化が市場や自社にもたらし得る事象を見越して、それらをチャンスに変えるために必要なアクションを特定して実行に移す。そして、そこからの学びを瞬時に振り返り、継続的なイノベーションにつなげていくこと。

### (3)「優しいが冷たい組織」から「厳しいが温かい組織」へ
### ——グローバルでの権限委譲の推進と説明責任の強化、そしてやる気のある多彩な人材が報われる組織へ

権限や説明責任の所在と、求められる人材要件（マインドセットと能力）を明確にしたうえで、必要な人材投資を大胆に行う。成果を出した人材や、成果を出すために努力し続ける人材が、正当に評価されサポートされる組織を実現すること。

本章では、多彩で持続的な成長を実現するために、まずはグローバル企業としての組織と人材の課題認識を共有した。また組織における健康度の重要性を担保するために、個人のマインドセット、スキルそしてプロセスを三位一体でとらえ、個人の能力を最大化して行動変革を進めることの重要性と、その行動変革がもたらし得る組織と人の好循環について述べた。

日本発のグローバル企業の大きな可能性の一つは、人材である。不足しがちであった人材投資を実行し、努力して成果を残した個人に大いに報い、多様性を獲得した組織でリーダーの明確な説明責任のもと、パフォーマンス・カルチャーをつくり出す。

そしてこの取り組みのなかで各々が「個」として最大の能力を発揮し、大きなやり

がいと充実感を得ることで好循環を加速する。

刻々と変わる社会や事業環境のなかで、この取り組みを継続するには「試行錯誤し続ける力」が求められるが、この好循環が実現した暁には、企業の経済成長のみならず日本社会そのものを元気づけることにつながると信じている。

# 第6章

# 挑戦するCEOに求められる資質と役割

前章まで、日本発グローバル企業が存在感を獲得し、世界の舞台でその輝きを増すために考慮すべき要件や具体的な方策について触れてきた。

本章では、それらを実現するために求められるCEOの役割について取り上げたい。

## 1　グローバル企業の卓越したCEOの共通点

マッキンゼーは、任期中に会社を成長させるとともにその健全性を大きく高めたCEOについて、違いが生まれた理由を明らかにすべく大規模な調査を行い、その調査結果を発表した。調査範囲は世界70カ国における24業種に及び、民間企業3500社のCEO7800人を対象とした20年以上にわたるデータから、傑出した成果につながったアクションと、その背景にあるマインドセットを特定した。

この調査結果から、CEOに求められる六つの役割に対して、グローバルで成功しているCEOに共通するマインドセットが明らかとなった（**図表6―1**）。

図表6-1　優れたCEOのマインドセット

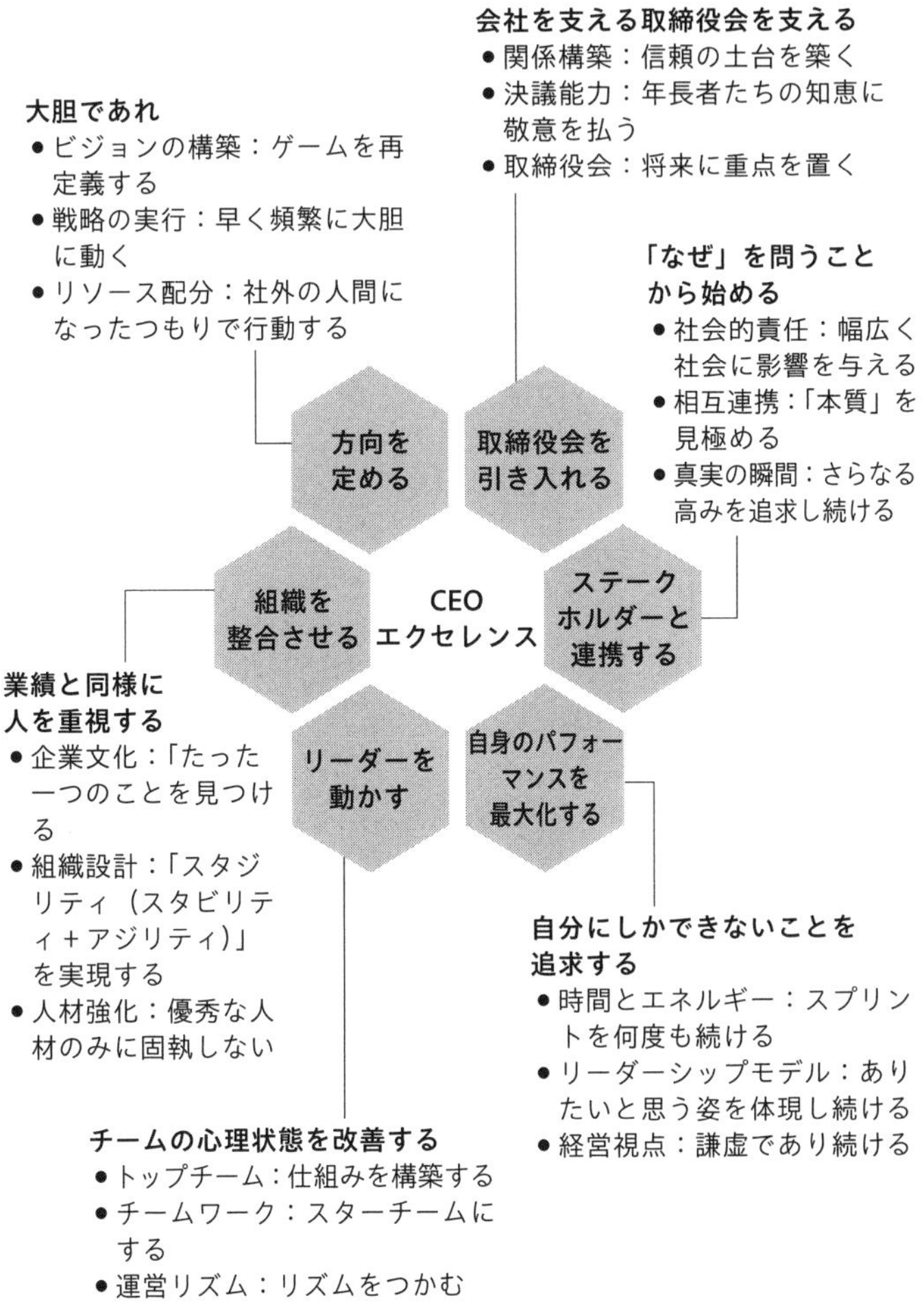
CEO
エクセレンス
方向を
定める
取締役会を
引き入れる
ステーク
ホルダーと
連携する
自身のパフォー
マンスを
最大化する
リーダーを
動かす
組織を
整合させる
会社を支える取締役会を支える
●関係構築：信頼の土台を築く
●決議能力：年長者たちの知恵に
敬意を払う
●取締役会：将来に重点を置く
大胆であれ
●ビジョンの構築：ゲームを再
定義する
●戦略の実行：早く頻繁に大胆
に動く
●リソース配分：社外の人間に
なったつもりで行動する
「なぜ」を問うこと
から始める
●社会的責任：幅広く
社会に影響を与える
●相互連携：「本質」を
見極める
●真実の瞬間：さらなる
高みを追求し続ける
業績と同様に
人を重視する
●企業文化：「たった
一つのことを見つけ
る
●組織設計：「スタジ
リティ（スタビリテ
ィ＋アジリティ）」
を実現する
●人材強化：優秀な人
材のみに固執しない
自分にしかできないことを
追求する
●時間とエネルギー：スプリン
トを何度も続ける
●リーダーシップモデル：あり
たいと思う姿を体現し続ける
●経営視点：謙虚であり続ける
チームの心理状態を改善する
●トップチーム：仕組みを構築する
●チームワーク：スターチームに
する
●運営リズム：リズムをつかむ

出所）マッキンゼー

## 2　日本発のグローバル企業経営者としてのあり方

日本では従来、ＣＥＯの多くが、生涯にわたる組織への献身と実績が認められたうえで就任している。調査によると、日本企業の「典型的な」ＣＥＯは、大学（または大学院）を卒業後すぐに入社し、（平均して23・8年にわたり会社に尽くした末に）平均50・4歳で取締役員となり、（勤続29・1年を経て）平均55・7歳でＣＥＯに就任している。そうした役職に就任できたのは、組織内で幅広い人脈を築き上げ保持してきた手腕を買われ、組織内の多くの人から尊敬を集めているからである。

一方で、このような組織への貢献の末にＣＥＯになった人物が、そもそも変化への感度が低い風土を持つ組織で、大きな変革を起こすことは構造的に難しい。対照的に他国のＣＥＯは、組織内で変化を促すことが相対的に容易な社内風土で、自身の経歴や経験により変革や進化をリードすることが明確なミッションとなっている。

２０１９年に『ハーバード・ビジネス・レビュー』誌が発表した、ＣＥＯ就任後の財務面・非財務面でのパフォーマンス成績にもとづいて算出された世界のＣＥＯランキングでは、日本人ＣＥＯは１００人中７人しかランクインしていない。変革に対する日本企業の組織構造的な難しさを示している。

また、多くの日本企業では、退任した元ＣＥＯが、間接的に経営に関与し続けることも珍しくない。そのような状況下では新ＣＥＯが、先輩ＣＥＯの進めてきたビジネスモデルを踏襲するのではなく、そのモデルを覆すような経営変革を断行し、新たな成長を遂げることは容易ではない。

このような状況を踏まえてマッキンゼーは、日本発グローバル企業の国際競争力確保を実現するうえで、日本のＣＥＯが志向すべき二つの変化があると考えている。

一つは、ＣＥＯ自身が担うべき役割をあらためて定義し、より挑戦的な目標を掲げ、社会的変化に迅速かつ適切に対応するために不可欠な外部志向（顧客・市場志向）をグローバルレベルで加速させることである。

もう一つは、ＣＥＯがリーダーシップを発揮して、自ら戦略を主導し組織の抜本的な変革を実現できるよう、ＣＥＯをサポートする環境を整えることである。

では、日本発のグローバル企業のＣＥＯが担うべき役割、求められる行動とは具体的にどのようなものだろうか。マッキンゼーでは、グローバル企業で成果を上げたＣＥＯからの学びを踏まえ、ＣＥＯがリードする組織を将来に向けて変革・進化させていくために、以下の六つに注力する必要があると考えている。

## (1) CEOと経営陣が一丸となってポートフォリオを見直す

企業の戦略方向性を再定義し、大胆に経営ポートフォリオを見直す前に、まずCEOとして次の三つの視点を持って決意を固めることが有効である。

### ①CEO自身の決意

視点の一つ目は、業界の将来を見据えることである。マイクロソフトのサティア・ナデラCEOは、CEOとして成功するには、「世界が向かう先に関して、超一流の視点を持っていなければならない」と語る。実際、ナデラ氏の視点は、CEOになるべくしてなったといえるものであった。

当時マイクロソフトは、新しいリーダーを社外から選ぶのを通例としていた。選考の過程で、候補者らは「会社をどこに導くのか、その理由は何か」を簡潔に示すよう求められた。ナデラ氏はそのなかで、先見性のあるソーシャル、モバイル、クラウド戦略を示し、他の候補者よりも自分を選ぶべきだと取締役会に訴えた。その結果、マイクロソフトを世界で最も価値の高い企業の一つに導くCEOになったのである。

二つ目に、自分の担当領域を超えて、より広く組織全体を見渡すこと。これは、ビジネスのさまざまな領域や役割を渡り歩いてきた人には親しみやすいかもしれない。確実に視野を広げるには、企業レベルのプロジェクトや委員会、開発プログラムに参加すること、他領域の知識の習得に時間を割くこと、意思決定においては、仮に自分の領域にとっての最善策でない場合でも、会社第一の視点を貫くこと、といった要件が必要である。

三つ目に、ステークホルダーの情勢を注視することである。今日、大企業のCEOは、さまざまな社会問題や環境問題に対する視点を持つことが求められている。そのためには、従業員、顧客、取締役会の感情を把握する必要がある。そして、問題に対峙する際には、それらを活かして会社の指針を策定することになる。

ポートフォリオ見直しの意思決定に際しては、前述のとおり、CEO自身の決断を妨げ、鈍らせるさまざまなバイアスやリアクションの影響を受ける。その結果、公平な判断ができずに重大な意思決定に遅延・歪みが生じてしまう場合もある。

バイアスやリアクションとは、例えば無意識のうちに自分が携わる事業に強い思い入れを持つこと、あるいは感情的で強い反対意見などがそれである。

現在の経営ポートフォリオの多くは、過去の意思決定の積み重ねで形成されており、将来の見通しや市場の変化などに対応するためには定期的に再評価する必要がある。しかし、過去の意思決定に関わった先達が、いまなお社内で影響力を有している場合も多く、事業の優先順位を決定する際にこのしがらみが日本人CEOにとって大きな壁の一つとなることはいうまでもない。

読者であるCEOのなかには、すでにこのような壁に直面されている方も多いと思うが、次世代のCEOまたは経営チームの方々も、こうした難しさを事前に十分認識する必要がある。このしがらみから判断を誤ることへの恐怖や、これまで築いてきた人間関係に及ぶ悪影響を懸念して、多くのCEOがこうしたジレンマから抜け出すことに苦労している。

一方、CEOにとって幸いなことに、しがらみや感情に左右されずに意思決定できる仕組みが過去よりも整っており、頼りになる客観的・科学的に実証されたフレームワークやファクトベースのツールもある。

こうして長期的成長を判断基準にすることができれば、比較的経験・知識が浅い分野などでの投資の意思決定を行う際に、たとえ一部のリーダーにとっては望ましくない意思決定だとしても、CEOは自信を持って決断することができる。

ＣＥＯにしか導き得ない、企業のいまと将来の繁栄に一番大きな影響を及ぼす判断が、全社ポートフォリオの見直しである。日本企業が、グローバルのエクセレント企業に比して遅れている分野ではあるが、これができればフルポテンシャル創出を通じた大幅な企業価値向上も可能となる。

### ②経営チームが一枚岩で変革活動を推進する

マッキンゼーはこれまで、パートナーシップにもとづいて数多くの日本発グローバル企業の変革や進化活動に携わってきた。その経験から、ＣＥＯとしての決意が経営ポートフォリオの見直しを実現するうえで、きわめて重要であることを認識すると同時に、これらの取り組みは決してＣＥＯ一人で実現できるものではなく、取締役会や経営チームが一枚岩となって実現していくべきテーマであると考える。

付き合いの長い顧客や、企業の将来に向けて尽力している従業員、国内外の投資家、既存・新規の両領域に関連する規制当局など、経営資源配分に関わる意思決定を実行するために接点を持つ必要があるステークホルダーは、多岐にわたる。

経営者は、すべてを一人で背負うのではなく、取締役会や経営チームとビジョンや戦略の方向性を十分に共有し、優先アクションを明確にしたうえで、役割を分担して取り組んでいく必要がある。また、取締役会は、必要な議論を重ねるとともに意思決定を促し、その実行をサポートすることが役割となる。そして、経営チーム全体は、自ら経営者視点を持ってテーマをとらえ、確固たる意志を持って組織をリードすることが必須となる。

### ③より重要度を増すＣＦＯの役割

日本では、ＣＦＯ（Chief Financial Officer：最高財務責任者）の役割に対する認識や注目度が低いケースが散見される。ＣＦＯは経営チームの一員として、そしてＣＥＯのパートナーとして重要な役割を果たすべき存在である。

グローバル企業の多くでは、ＣＦＯは企業価値創造に向けたアクションを促し、各事業のパフォーマンス向上を強力にサポートする役割を果たしている。加えて、全社的な視点や株主目線で事業に対して厳しいフィードバックを提供するなど、企業価値向上に欠かせないビジネスパートナーとして認知されている。

近年、ＣＦＯが担う役割はさらに広がっており、ＣＦＯと事業部との間で、この「パフォーマンスダイアログ」とも呼ぶべき対話が定着することが望まれている。

日本企業においても、そのよい事例が出はじめている。大胆な経営資源の再配分やパフォーマンス・カルチャーの強化などを通じて、全社的に企業価値を伸ばしている日本発のグローバル企業のなかには、CEOのよきパートナーとして、経営チームのなかで大きなリーダーシップを発揮しているCFOも存在する。

社外に対しては価値創出に関する効果的な対話を実施し、社内では「社内アクティビスト」として危機感を喚起する。CFOは、事業に対する深い理解と外部投資家の視点を兼ね備えた、影響力のある役割を持つ。

価値創出に貢献しているCFOは、自社の事業価値の源泉はどこにあり、今後どうすれば企業価値を高めることができるのか、常に自問自答を繰り返している。

そして、自らの考えを明確でわかりやすいストーリーに落とし込み、株主やアナリストなどの社外ステークホルダーへの説明を通して理解を得るとともに、社内の戦略策定でも投資家視点でフィードバックして、社内の危機意識を喚起し、企業をよりよい方向へと導いている。

マッキンゼーがこれまで支援してきたプロジェクトにおいても、CFOが変革の先導者や影のサポーターとして部署横断的な変化を大きく推進させた例は数多くある。

その一つとして、変革プロジェクトの成果を企業価値の向上に結びつけることが挙げられる。具体的には、プロジェクトの各施策の価値算定の承認を担当し、各施策から創出される価値をＰＬ（損益計算書）やキャッシュインパクトに換算し評価すること。それにより、どの施策を優先すべきか、社内リソースをどのように配分すべきかなど、変革プロジェクトの規律を定めることが可能になる。

加えて、優れたＣＦＯは、こうした財務上の見解だけでなく施策の中身にも精通しており、効果を最大化し実行スピードを向上させるためにはどうしたらよいか、といった適切な問いを適所に投げかけるなど、「建設的なチャレンジャー」として変革推進の大きな役割を担っている。

象徴的にＣＦＯの役割を例に挙げたが、他にも軽視できない経営幹部はたくさんいる。例えば、企業全体の経営戦略や戦略的方向性を定め、戦略イニシアティブの完遂をリードする役割としてのＣＳＯ（Chief Strategy Officer：最高戦略責任者）、従来のバリューチェーン全体をデジタルやさまざまな技術を活用して刷新しながら、品質・コスト・サステイナビリティ・リスク対応力を同時に上げていく役割のＣＯＯ（Chief Operating Officer：最高執行責任者）、世界および日本で今後も加速する人材獲得競争に勝つために、各社の人材への提供価値を先鋭化し、優秀で多彩な人材を継続的に採用・育成・評価していくことをリードするＣＨＲＯ（Chief Human Resource Officer：最高人事責任者）など、各事業・機能の継続的な革新をリードしていくリーダーとして、経営チーム一人ひとりが担う役割はいままで以上に重要となっている。

企業の変革・進化、それにつながる将来の大きな繁栄を実現するうえで、CEO自身の決意と行動力、それを一枚岩となって全力で支えていく経営チームの存在が、すべての基本ということである。

## (2) 確固たる戦略方向性と指針にもとづいて全社をリード

CEOは、組織全体を同じ方向にリードしていかなければならない。このCEOとしての役割を完遂するための重要な能力とは何だろうか。マッキンゼーの経験から見えてきたもの、それは経営者としての知力や能力のみならず、一個人として、多彩な人材からの信頼を獲得する人間力の重要性である。

企業経営の理想は、組織全体が同じ方向を向いて目的を果たし、事業を社会的にも経済的にも成功させることにある。その実現に必要なものが「パーパス（企業目的・目標）」。つまり経営における重要な意思決定や戦略策定の際の道しるべ（指針）である。そして自社の存在意義を示すパーパスを基軸として経営や事業活動を実践し、企業の長期的な成長の実現を目指す経営こそ、パーパスドリブン型リーダーシップなのである。

このパーパスを明示して浸透させることで、従業員の自発的な行動を促すとともに、従業員一人ひとりのベクトルを揃え、組織の目指す姿に向け一体となって取り組むことが可能になる。その結果、優れた業績と健全性の達成へとつながり、企業は持続的な経営を実現することになる。

企業がパーパスドリブンな組織へと進化するためには、まずはこのパーパスを組織全体に浸透させ、従業員からの共感を獲得して奮起させ、企業文化のなかに強い帰属意識を生み出す必要がある。

そのためには、トップダウンでの一方的な情報伝達ではなく、組織全体で双方向での対話を実践することが非常に重要になる。日本企業の多くでは、企業理念や中期経営計画等での方向性はあるものの、社員のハートをつかむべきコミュニケーションへの取り組みが、質量ともに圧倒的に不足しているケースが多く見られる。

いま、日本の従業員の働きがいは大きく低下している。信用評価会社のクレジット・プライシング・コーポレーションが東証プライム市場・スタンダード市場に上場している企業を対象に社員の働きがいを指標化したところ、２０１２年5月を１００とすると、その10年後の２０２２年5月時点では88・5まで低下している。

もちろん、大半の日本企業はパーパスやミッションを持っている。ただしその多くは内容は立派で聞こえはよいが、従業員を奮い立たせるようなものではない。さらに問題なのは、それらのパーパスやミッションが従業員の具体的な姿勢や行動の変容には結びつかないことにある。歴史ある企業であればなおさら、少し挑戦的な目標を立てたところで、すぐに従来どおりのやり方に戻ってしまうのではないだろうか。

ＣＥＯの大事な役割の一つは、「Chief Communication & Inspiration Officer（対話と鼓舞の最高責任者）」である。つまり、大胆なパーパスを設定し、それが信頼に値するパーパスであると社員全員が心から納得するよう、ストーリーやわかりやすいコンセプトをつくりこみ、社内外のあらゆる場面で繰り返し説明して浸透させ、目に見える行動変容や成果に結びつけることである。

実際、グローバルな成長企業では、リーダーが成長にコミットし、簡単には達成できないような意欲的なパーパスを設定し、継続的かつ果敢にその達成に挑戦しているところも多い。

マスターカードの事例を紹介しよう。数年前まで、マスターカードは他のクレジットカード会社を競合としてとらえており、実際の商取引の大半を占める現金には着目していなかった。そこに気づきを得たマスターカードのＣＥＯは、会社のパーパスを非現金取引（キャッシュレス決済）の普及とそうしたサービスの利用率の増大へと大転換し、これを社員をはじめ顧客の感情に訴えかつ説得力を持って広めるために、「kill cash（現金を消滅させる）」というスローガンを打ち出した。

さらに、このスローガンを具現化するため、ＣＥＯはデジタル決済における一連のイノベーションに多額の投資を行い、依然として現金が使用されている従来のクレジットカード市場とは異なる市場に進出すべく、精力的に取り組んでいる。

感情に訴え、かつ説得力のある言葉とわかりやすく目に見えるアクションを組み合わせることで、個々の従業員は、パーパスが信頼に値するものであり、自らの業務と関連するものであるという納得感を得るようになる。これにより、パーパスを従業員各自の業務や役割に円滑に落とし込むことができて、結果として変革の一翼を担うモチベーションが生まれたのである。

日本企業では、「目立ちすぎない」ことが美徳とされ伝統的に尊重されてきた。そのため、ＣＥＯが個人やチームの活動に個別に称賛を送ったり、皆の面前で率直に功績を称えたりすることが比較的少ない。そもそも褒めるという行為が、どこか恥ずかしいという意識も拭えないでいる。

前述のとおり、効果的な褒め方のポイントは、個人やチームの活動や成果に着目して具体的に褒めること、できる限りその場で褒めること、人前で褒めること、本人がいない場所で褒めること、最も効果的な人・チャネルを通じて褒めること、対面で個別に褒めること、などである。

また、褒める文化を組織全体に浸透させるために、従業員とのコミュニケーションや従業員への褒賞を、CEOが大事な役割の一つと認識して推進することが大切である

もちろん、同時に、企業として許されざるべき行動については、断固した姿勢を取ることも求められる。手本となる振る舞いや目覚ましい成果、他者への献身などに対しては大いに称賛するべきである。それが従業員のやりがい向上につながり、自ら積極的に考え動くようになることで従業員自身が成長し、ひいては困難な変革の遂行に不可欠なエネルギーを組織にもたらすもとになる。

変革のストーリーやエピソードは、企業が目指すゴールを従業員に思い起こさせるきっかけにもなる。加えて、変革の機運を醸成し熱意の維持にも貢献して、ついには「会社らしさ」として周知されるようになることで、組織基盤のさらなる強化・刷新へとつながるのである。

## (3) CEOとしてのエネルギー管理と率先垂範の徹底

### ①自らのエネルギー管理の重要性

加速する外部環境の変化に加え、次々と未曽有の事態が複数発生する状況下で、グローバルの組織を牽引することは、精神的にも肉体的にも大変骨の折れる仕事である。CEOは、複雑な状況のなかで問題解決にあたり、また不十分な情報をもとに難しい判断を下すなどしながら、どのような状況であろうとも自信、前向きさ、力強い実行力を示さなければならない。特に日本発グローバル企業のCEOは、こうした活動をすべて、グローバルタイムゾーンで昼夜を問わずこなしている。

そういった状況を管理し、CEO自身のパフォーマンスを最大化していくためには、自らのオペレーティングモデルを定め、パフォーマンス管理を意識的に実践し、それを習慣化していくことが重要である。

マッキンゼーは、多くのCEOと時間を過ごすなかで、それぞれのCEOが高いパフォーマンスを挙げることについて、個人としてどのように意識しているかを学ぶ機会に恵まれた。

マッキンゼーでは、CEOが意識的に自身のオペレーティングモデルを見直し、それによってエネルギーを維持する方法や、最高のパフォーマンスを発揮できる方法、さらには精神的にも肉体的にも健全な状態を保つ方法など、CEO自身にとって最適なアプローチを確立するよう促している。

なかでも、「タイムマネジメント」に加えて「エネルギーマネジメント」という発想が一つの好例となる。

CEOとして自身のパフォーマンスを最大化するには、常により高いレベルで自身のエネルギーを管理していくことが効果的である。そのためには、どのようなことにどれほどの時間を使うのか、CEOにしかできないことにどれほどのエネルギーを使うのか、それと同時に、自身のエネルギーが増える重要な活動などを明らかにするなど、週次・月次・年次でのエネルギーマネジメントを意識した時間配分を行うことが重要である。

さらには、個人のパフォーマンスを最大化し、プロフェッショナルとして責任を果たすうえでは、仕事以外の時間、例えば好きな運動や趣味に費やす時間も大切となるため、必要に応じて短距離走でも成果を上げながら、回復する時間を含めて上手にペース配分を考えて、結果として中距離・マラソンでも成果を上げられるようなアプローチが求められる。

ＣＥＯは、個人としてのパフォーマンスを最大にするセルフマネジメントにおいても、従業員の手本になることが重要である。大変勤勉なＣＥＯが多い日本企業では、休暇を取ることに対して、ＣＥＯ自身が何らかの遠慮の気持ちを抱きがちである。

しかし、「休んでリフレッシュすることも大事な仕事の一環である」という意識のもと、まさに「ビジネスアスリート」であるＣＥＯは、人一倍エネルギーマネジメントに取り組むべきである。

### ②現場に近いかたちでの率先垂範の徹底

変革ではＣＥＯが戦略的な方向設定だけでなく、ハンズオンスタイルで自身が実行に直接関与し、率先垂範のリーダーシップを発揮する必要があることはいうまでもない。例えば、トランスフォーメーションオフィス（推進室）設立の際には、積極的に直接参画して、具体的な変革を引き起こす能力や実行における規律、そして業績の透明性を確保する必要がある。

また、組織内の垣根を越えて、変革に強い抵抗感を示している層にも自ら向き合い、次世代リーダーと協働して戦略立案や具体的な施策の実行に取り組むことも重要である。さらに、真にグローバルなチームを編成し、日本人リーダーが「尻込み」したり、外国人メンバーが重要な情報を聞き逃したりすることがないよう、多面的で十分なサポート体制を構築する必要もある。

そして、年齢や職歴にとらわれることなく、ダイバーシティ（多様性）と全員参加を重要視して、有能な人材がより活躍できる環境をつくることも重要である。さらにいえば、ビジネスモデルや能力に不足があれば、他企業との提携・協業にCEO自ら積極的に取り組むことも欠かせない対応である。

ある日本のデバイスメーカーの事例を紹介しよう。このメーカーは、個々のマネジャーが日常業務を主導する従来型のリーダーシップモデルのもとで事業を行っていた。しかし、近年の半導体不足の影響は多くの業界に広がり、このメーカーも減産を余儀なくされ、深刻な状況に陥って初めて、CEO自らが業務に深く関与することとなった。

激しい半導体チップの争奪競争において、限られたサプライヤーからの調達を確保するためにはトップレベルの交渉が必須である。また、限りある半導体チップを複数の製品に配分する際に、顧客の需要や収益性にもとづく優先順位づけやトレードオフの判断が必要となる。

初めて現場の状況を目にしたCEOは、すぐに従来のリーダーシップや仕事の仕方では対応できないことに気づいた。

具体的には、調達から販売に至るまでのプロセスを、一気通貫で把握できる総合的なシステムがなく、各部署からの断片的な情報に頼らざるを得なかった（調達部門による供給数量の見積もり、製造部門による在庫水準の見積もり、販売部門によるＳＫＵごとの顧客の需要と収益性の見積もりなど）。

また、意思決定を支える、直接的かつ信頼できる適切な情報経路も不足していた。例えば、社外では、長年取引関係にあるサプライヤーがＣＥＯを失望させまいと、よかれと思って供給可能量を多めに見積もったり、後になって落胆させまいと供給可能量を過小に見積もったりしていた。

社内リーダーは各々の部門を守るため、相互には矛盾する独自のシナリオをそれぞれ作成し、必要性があるにもかかわらず、プロセス全体にわたる見える化に消極的であった。さらに、ＣＥＯが初めてワーキングレベルの会議に参加しタスクフォースを設置した際、ＣＥＯ参加に伴うプレッシャーが、逆効果を招くこととなってしまった。

これは半導体危機という極端な例ではあるが、ビジネス環境が一般的に持つ不安定さ、不確かさ、複雑さ、不明瞭さをより浮き彫りにしたものである。

この事例からの教訓として、ＣＥＯは、このような危機に直面した際に適切かつ迅速に対応できるよう、普段からより積極的に現場に近いところで従業員と関わり、現場感覚を失わないようにすることが大切である。

加えて、組織のサイロ化を解消するために、部門間での積極的な交流や協働を可能にする風土を醸成し、CEOと従業員、そして従業員同士のこまめなコミュニケーションを継続的に行い、社内コミュニケーションの活性化を働きかける必要がある。また、CEOが自らプロジェクトに参画する際には、求心力を発揮して、まずは自身が行動する姿勢を示し、周囲の信頼を勝ち取ることが重要である。さらには従業員に対し、失敗を恐れず積極的にチャレンジすることを促していくことも忘れてはならない。

そして、「上座」からではなく、非公式なものも含めてあらゆるチャネルから情報を収集し、傾聴する姿勢を示し、必要に応じて先頭に立って現場をリードする姿を従業員に見せることも重要となる。

### (4) ステークホルダーとの効果的な対話の実践

CEOの役割として、ステークホルダーとの関係性構築の重要性はますます高まっている。マッキンゼーと英BPの元CEOであるジョン・ブラウンが共同で行った調査から、社外のステークホルダーとの関係性が企業の収益性の30％を左右することが明らかになっている。

加えて、収益性への影響は、危機が生じた際にCEOがどのように対応するかに限らず、危機が起こる以前からステークホルダーとどのような関係性を築いていたか、にも大きく左右されることはいうまでもない。

そのため、ステークホルダーとの関係性構築は、あらゆるCEOの懸案事項となっている。多くのCEOは「誰に（Who）」「何を（What）」「いつ（When）」話すべきかに頭を悩ませ、特に優れたCEOは「なぜ（Why）」を最重視している。

例えば、なぜ自社が社会にとって価値を持つのか、なぜそれぞれのステークホルダーが自社にとって重要なのか、などである。

日本のCEOに目を向けると、自身が長年にわたり築いてきた個人的な関係や業務上の関係性から、考慮すべきステークホルダーは多岐にわたる。

マッキンゼーはこれまで、多くの企業が、従来の慣習や関係性維持を重要視するあまり、全社的な優先事項ではない会合や比較的重要度の高くない会合にも、CEOの多くの時間が取られている事例を数多く見てきた。

しかし、CEOの時間や労力は有限であり、どのようなステークホルダーと関係性を築いていくべきなのかについて、優先順位づけを行うことは不可欠なのである。

なかでも、日本企業は長年の関係性を大切にするとともに、株式市場との対話を質量ともにさらに上げていく必要がある。次の二つのケースを回避することは、CEOの責務なのである。

一つは、自社の先進的な取り組みや成長ストーリーについて、株主にわかりやすいかたちで十分に説明することができず、批判を受けてしまうケースである。もう一つは、株主との対話を恐れるあまり、株主の要求に過剰に反応してしまうケースである。

これまでグローバルで業績を上げ危機を乗り越えてきたCEOは、ステークホルダーの根源的欲求を理解するために直接対話をすることをいとわない。

例えば、ネスレは、以前、パッケージの原料に、インドネシアの森林破壊につながるパーム油を使っていたことから、国際的な強い批判に見舞われた。当時のCEOマッティ・リーヴォネンは、その批判運動の先鋒であった環境保護団体グリーンピースを対話に招き、高い透明性をもって変革への機運を社内外に強く示した。これにより、世論の批判を和らげるだけでなく、実際に再生可能資源の活用の面で世界を代表する企業へと変貌を遂げることができた。ピンチはチャンスでもある。

日本企業は古くから「三方よし（売り手、買い手、世間の三つすべてにとってよい商売を心掛けるべし）」の理念で経営を行ってきており、近年のＥＳＧ（環境・社会・ガバナンス）のトレンドに先行するような活動も行ってきた。しかし、世界標準のＥＳＧスコアを採用するなど、それを株主にとってわかりやすいかたちで説明することについては依然として改善すべき点が多い。

繰り返しになるが、社内・社外にかかわらず、ＣＥＯはあらゆるステークホルダーに対して、一貫したストーリーをわかりやすく語り続けることが重要である。

## (5) 取締役会と信頼関係にもとづき価値を「共創」する

昨今、日本では、コーポレートガバナンスの向上に向けた改革の必要性がたびたび指摘されており、２０２１年3月1日から上場企業においては社外取締役の設置が義務づけられるなどの法改正が行われた。

こうした目に見えるかたちでの変化は起きつつあるものの、実質的な改革や進化はいまだ道半ばといえる。この改革を進めるにあたり、特に取締役の活用方法という点で、グローバルに活躍している企業から日本企業が学べる特徴が三つある。

一つ目は、海外で競争力のある企業のＣＥＯは、取締役のメンバーと強い信頼関係を築くことを重要視し、関係構築に努めている。

信頼関係が構築できていれば、たとえ着任早々のＣＥＯだとしても大胆な変革を遂行することができ、結果としてさらに信頼関係が深まるといった好循環を生み出すことができる。

この信頼関係構築のポイントは、成功だけでなく失敗も含めて早期から重要事項について透明性を持って共有し、反対意見にもしっかりと耳を傾けつつ議論を重ねることによって、ＣＥＯが意思決定をする際には議論する必要がない状態をつくっていることである。

二つ目は、取締役会に求める役割を定義し、その役割に沿ったメンバーを揃えることである。

取締役会の役割についての理論的な定義はすでに確立されており、いまさら再定義するようなものではないと思われるかもしれない。しかし、実際には理論どおりの役割分担が円滑に行われているケースは稀である。ＣＥＯと他の取締役の両者の間に軋轢が生じたり、ＣＥＯが取締役の意向を気にしすぎるあまりリーダーシップを十分発揮できず、経営判断に時間がかかってしまう状況はよく見受けられる。

取締役会が効果的に機能するためには、CEOと取締役の役割を明確に定義し、共通認識化しておくことが重要である。

その一例として、資生堂の会長CEOである魚谷雅彦氏は、この役割について次のように語っている。

「CEOは新幹線の運転手であり、時速300キロで自律的に走らなくてはならない。CEOは、会社を経営するために任命された存在なので、小さな意思決定のたびに取締役会に承認を求めることはしない」。また、「一方で、日本の新幹線は1分程度で緊急停止することができるように、取締役会はCEOがまったく見当違いのことを行なっていることに気づいたら、そのタイミングを利用して、必要な場合の軌道修正を行う」（キャロリン・デュワー、スコット・ケラー、ヴィクラム・マルホトラ『マッキンゼー CEOエクセレンス』早川書房、2022年）。

この新幹線のアナロジーに類似する役割分担は、多くのグローバル企業のCEOたちが採用している。説明の仕方はさまざまではあるが、このようにCEOと取締役会との明確な役割分担を両者の間で事前に合意しておくことである。

三つ目は、取締役会を経営の監督の場としてだけでなく、将来の成長のために建設的な意見を得る場として利用することである。

もちろん、経営陣や取締役を監督することは、取締役会の主要な役割の一つである。しかし、取締役会は一般的に多様な経験を持ったメンバーで構成されており、効果的に取締役会を運営することで、幅広い視点から会社の成長に効果的なアドバイスを得ることができる。

そのためには、取締役会でCEO自らの考えや希望、懸念などをオープンにしてそれを共有し、アドバイスを得たい点について事前に明確にしておくことや、成長に向けた前向きなトピックがアジェンダに含まれるよう、会議で用いるフレームワークをあらかじめ設定しておくことが有効である。

また、海外では、取締役会のダイナミクスをしっかりと理解したうえで効果的なリーダーシップを発揮できるよう、CEO自らが他社の取締役として経験を積むことも推奨されている。

### (6) 次世代のCEOと経営チームを育成する

日本企業における次世代CEOや経営チーム候補者の多くが、当該組織の歴史や事業内容に対する深い理解、社内人脈、過去の輝かしい業績等々の強みを持っている。

しかしその一方で、この大変化期にあって、自社の目指す方向を再定義し、大きな改革・進化のための活動を、グローバルで多彩な人材と一緒にリード・完遂するために必要な知識や経験を習得するためのトレーニングを受けていないケースが多い。

CEO候補のパイプラインを積極的に管理しているグローバル企業では、CEO候補に挑戦と成長の機会を与えるリーダーシップアカデミー、ケイパビリティ構築プログラム、経営幹部向けプログラム、コーチング、体系的な「現場での実践機会」などを実施している。

しかし、このような体系立った育成プログラムから実際にCEOを選出している日本企業は、依然少ない。多くの日本企業では、CEOの承継が、その一段下の職位から、承継の1~2年前にかけて非公式な手順で行われるケースがまだ多いという現実がある。

こうした状況に対する中長期的かつ持続的な解決策は、組織がリーダーシップの能力を多角的に伸ばすためにかかる時間とその難しさを再認識し、CEOの後継者候補のパイプラインを若い世代から強化することである。

そして、経営チームの構成をさらに大胆に行う必要がある。過去の人間関係や社内慣習にとらわれすぎるCXOは、CEOを支えるチームメンバーとして最適とはいえない。また、単純にCEOとの類似点があまりに多いがために、円滑ではあるが、一方でさまざまなスキルやアイデア、コンピテンシーを補完し合うことができないCXOも適切ではない。

重要なのは、新任のCEOの職務の遂行を、違う強みを持つ多彩なメンバーによって補佐できるチームを編成することである。仮に周囲からの懸念・反対の声があったとしても、役職にこだわることなくチームに最適なマインドセットと能力を持つ部下を昇進させること、さらには新しいスキルやアイデアを取り入れる必要がある場合は外部から人を採用することなど、部門を超えた人事を通じて、強力な協力体制や機能横断型のネットワークを構築することが必要である。

この最終章では、日本発のグローバル企業においてCEOが果たすべき役割について考察し、変革の担い手として、また成長の牽引役としてインパクトや企業の価値を高めるためのいくつかの提案を行った。

これまでの章で触れてきた内容を実現するためには、従業員一人ひとりの動機づけやコミットメントが必要であるが、いうまでもなく、成長やさらなる企業価値向上に挑戦する企業のリーダーとしてCEOが果たす役割は非常に重要である。

# おわりに

マッキンゼー・アンド・カンパニー・ジャパンは、今日まで半世紀以上にわたって、日本の社会、企業の方々とともに、さまざまな経営課題に挑み、解決に向けて試練を乗り越えてきた。特に日本発の事業で、世界的な事業展開を進めようとする企業の変革支援の際には、経営者や経営陣の方々からグローバルでの競争力強化に向けた助言を求められることが多くある。

近年、世界規模で広がった感染症の流行を通じて、人々の価値観や社会のあり方が大きく変わった。加えて、地政学リスクの増大、テクノロジーの驚異的な進展や、環境・人口問題などを含む社会・経済の持続可能性に対する意識の高まりなど、非常に多様で複雑な変化が世界的レベルで進行中であり、この変化は今後さらに速度を上げて進んでいくと考えられる。

こうして経営環境が大きく変わり続ける今日、日本企業の経営者は、自社の伝統や歴史、文化を大事にしながら、多様なステークホルダーの期待に応えることを求められている。それと同時に、資本市場からの企業価値向上プレッシャーにもさらされている。こうした状況のもとで、経営者の方々はどうすれば自社らしい発展が実現できるのか、グローバルで競争力を上げていくためにはどのように進むことがベストなのか、日々自問自答を重ね、全身全霊で経営に取り組んでおられる。

日本発の企業としての特性をグローバルに最大限活用するためには、日本固有の状況／背景を理解したうえで、同時に地球規模の視点を持った「グローカル」(Global + Local) なアプローチが求められる。グローバル企業としてのマッキンゼーもまた、長年活動をともにしてきた日本企業の特性を深く理解したうえで、4万5000人を超える世界中のメンバーの総力で日々支援を進めている。

われわれの日本での経験とグローバルファームとしての視点を合わせていまの日本を俯瞰したとき、ここには優れた商品や技術、勤勉で優秀な人材など多くの資産が存在すると信じている。そしてその多くの資産や強みは、いまだ最大限に活用されていない。大変もったいない。これらの資産を最大限活用することで、日本の経済および社会を次のステージへ進めることができるのではないかと考える。

その先には必ず次の世代、さらにその次の世代のための、多様性と包摂性に富み、持続可能なよりよい社会が存在するはずだ。そして、多くの日本企業が世界で輝きを増すなかで、グローバルに果敢に挑む日本発の次世代リーダーが育っていくだろう。これこそ日本の未来をつくることにほかならない。これが本書に込めた想いである。

本書を執筆するにあたって、マッキンゼーのジャパン・オフィスの多くの同僚からサポートをしてもらった。各章の執筆陣に加え、特に堀井摩耶氏、加藤千尋氏、西川悠介氏、塚原たみ氏には個別の章への執筆協力を超えて、本全体のコンセプトや構成についていろいろと議論し、全体のメッセージ抽出や「カイゼン」のアイデアを出してもらった。

また、小松原正弘氏には当初より本書の方向性や詳細な点に関しても大変多くの貴重なアドバイスをいただいた。澤田泰志氏、菅原章氏の両氏からもアイデアをご教示いただいた。編集については、関満亜美、三崎令日奈、髙木浩之、磯見春花、山口有里、林麗、各氏に協力してもらった。これらの同僚・元同僚たちに心からの感謝を伝えたい。

2023年11月

シニアパートナー 日本代表 岩谷直幸

シニアパートナー ミケーレ・ラヴィショーニ

**黒川通彦**（くろかわ・みちひこ、第4章）
マッキンゼー・アンド・カンパニー、パートナー
2011年入社。マッキンゼー・デジタル部門の日本統括共同パートナー。26年以上にわたり日本のデジタル変革をリードしてきた経験とコア・テクノロジーの知見を活かし、金融・製造・小売りにおいて、複数のDXプロジェクトを実施中。著書に『マッキンゼーが解き明かす 生き残るためのDX』（共編著、日本経済新聞出版、2021年）がある。

**堀井摩耶**（ほりい・まや、第5章）
マッキンゼー・アンド・カンパニー、シニアパートナー
2002年入社。組織・人材研究グループと公共セクター研究グループのリーダー。2007年から18年まで米国を拠点に活動。民間企業・公的機関の戦略と組織変革、人材育成を支援。ハーバード大学学士（国際関係論）、同学J.F.ケネディスクール行政学修士課程修了（国際開発）。

**ニコライ・アノスチェンコ**（Nikolay Anoshchenko、第6章）
マッキンゼー・アンド・カンパニー、パートナー
2014年入社。主に、ライフサイエンス企業や消費財メーカーに対して、リソース配分、運転資本管理、オペレーションのデジタル化など、CFO（最高財務責任者）の重要課題などをテーマとしたマッキンゼーのプロジェクトを支援。モスクワ大学修士課程修了（経済学）、INSEAD経営学大学院修士課程修了（MBA）。

【共同執筆者紹介】

**松原　寛**（まつばら・ひろし、第1章）
マッキンゼー・アンド・カンパニー、パートナー
2015年入社。自動車、自動車部品、先端エレクトロニクス、インフラ等の領域において、成長戦略や全社変革を支援。東京大学工学部卒業、同学修士課程修了、マサチューセッツ工科大学（MIT）スローン経営大学院修士課程修了（MBA）。

**西川悠介**（にしかわ・ゆうすけ、第1章&第2章）
マッキンゼー・アンド・カンパニー、パートナー
2011年入社。日本とアジアのライフサイエンス（製薬・医療機器）・セクターのリーダー。国内外のヘルスケア分野において、経営戦略、成長戦略、グローバル展開、コマーシャル変革や人材開発を支援。東京大学工学部卒業。

**金光慶紘**（かねみつ・よしひろ、第2章）
マッキンゼー・アンド・カンパニー、パートナー
企業変革グループの創立メンバーでグロース（成長）・マーケティング・アンド・セールス・プラクティスのリーダー。小売・サービス業を中心に製造業・金融などの複数業種において変革プログラムの策定・実行を支援。東京大学工学部卒業、東京大学大学院工学系研究科システム創成学専攻修士課程修了。

**加藤千尋**（かとう・ちひろ、第3章）
マッキンゼー・アンド・カンパニー、パートナー
2007年入社。2013年から17年までシリコンバレーオフィスを拠点に活動。戦略・コーポレートファイナンス研究グループのリーダー。京都大学理学部および同学修士課程修了、スタンフォード大学経営大学院修士課程修了（MBA）。

**工藤卓哉**（くどう・たくや、第4章）
マッキンゼー・アンド・カンパニー、パートナー、QuantumBlack 共同統括
米ニューヨーク市の統計ディレクター、アクセンチュアを経て2021年入社。慶應義塾大学商学部、コロンビア大学国際公共政策大学院環境工学科学・ミクロ経済学修士号（MPA）、カーネギーメロン大学意思決定工学・科学 情報技術修士号（MS）。

【編著者紹介】

**岩谷直幸**（いわたに・なおゆき、全体編集ならびに第１章執筆）
マッキンゼー・アンド・カンパニー　シニアパートナー　日本代表
一橋大学経済学部卒業。在学中、テック企業 HENNGE 創業に関わる。1999 年入社。カーネギーメロン大学経営学大学院（テッパースクールオブビジネス）修士課程修了（MBA）。

**ミケーレ・ラヴィショーニ**（Michele Raviscioni、第 6 章執筆）
マッキンゼー・アンド・カンパニー　シニアパートナー
2007 年入社。ライフサイエンス（製薬・医療機器）セクターにおけるグローバルのリーダー。ミラノ大学修士課程修了（生物工学）、米ベイラー医科大学大学院博士課程修了（生物工学）、テキサス大学経営学大学院修士課程修了（MBA）。

# マッキンゼー 未来をつくる経営
## 日本企業の底力を引き出す

2023年12月15日　初版第1刷発行

| | |
|---|---|
| 編著者 | 岩谷直幸＋ミケーレ・ラヴィショーニ |
| | ©McKinsey & Company,Inc., 2023 |
| 発行者 | 國分正哉 |
| 発行 | 株式会社日経BP<br>日本経済新聞出版 |
| 発売 | 株式会社日経BPマーケティング<br>〒105-8308 東京都港区虎ノ門4-3-12 |
| 装幀 | 野網雄太 |
| DTP | マーリンクレイン |
| 印刷・製本 | シナノ印刷 |

ISBN 978-4-296-11520-4　Printed in Japan